안개생명의 지혜

야
고
보
서

강
해
와

묵
상

안개생명의
지혜

이강률 지음

야
고
보
서

강
해
와

묵
상

서문

    상당한 경우에 야고보서는 믿음보다 행위를 강조한 것으로 말한다. 그러나 야고보서는 단순한 행위보다는 믿음에 더 강조점이 있으며, 살아있는 믿음과 온전한 믿음을 지향하고 있다. 살아있는 믿음과 온전한 믿음을 향하여 달려갈 때에 온전한 하나님의 사람으로 든든히 서가게 된다. 이 일이 어떻게 가능할까?

    야고보서는 이 땅에서 살아가는 사람의 생명은 잠깐 보이다가 없어지는 안개와 같다고 말씀한다. 그러나 많은 사람들이 세상을 살아갈 때에 자신이 잠깐 보이다가 없어지는 안개생명임을 망각하고 살아간다. 그러면서 곧 말라버릴 풀의 꽃과 같은 세상의 부귀영화를 꿈꾸며, 또 그것을 자랑하며 살아간다. 그러나 이것은 어리석은 일이며, 악한 일이다.

    그렇다면, 무엇이 지혜롭고 선한 일인가? 야고보서는 바로 이것을 말씀하고 있다. 안개생명이 붙잡고 따라가야 할 참된 지혜를 말씀한다. 야고보서를 살피며 묵상하는 중에 안개생명의 지혜를 얻고 임마누엘의 하나님을 만나며 믿음이 온전해지며 온전한 하나님의 사람으로 서가기를 소망한다.

    끝으로 이 책을 출판할 수 있도록 은혜를 베풀어주신 하나님께 감사와 찬송을 드리며, 또한 사랑 가운데서 하나가 되어 지원을 아끼지 않은 아내(김신영)와 사랑하는 아들(은우)과 딸들(은지, 주원)에게 감사를 드린다.

2022. 9.

이강률 목사

목 차

시련을 만났을 때에

약1:1-12

온전히 기쁘게 여기라

초대교회 유대인 그리스도인들은 극심한 박해 때문에 그들의 터가 되었던 예루살렘을 떠나서 유대와 사마리아와 이방 땅 각지로 흩어져야만 했다(행8:1; 행11:19). 그들은 자신들이 붙잡고 가야만 하는 길이요 진리요 생명이신 예수 그리스도를 믿는 믿음을 지키기 위하여 자신들이 익숙한 집을 떠나고, 고향을 떠나고, 삶의 터전을 떠나서 살았다. 지금이야 상황이 많이 다르지만 당시에는 집을 떠나고, 고향을 떠나면 모든 것에 열악했다. 굶주림과 추위와 더위와 고독과 각종 위험과 시련을 만날 수밖에 없었다. 그처럼 어려운 환경 가운데서도 여기저기 흩어져서 기꺼이 고난을 감당해 냈던 것은 예수 그리스도를 향한 그들의 믿음이 그들의 삶의 보배였기 때문이다. 그들에게 있어서 인생의 성공은 세속적인 풍요에 있지 않았다. 그들에게 있어서 인생의 성공은 오직 그리스도를 믿는 믿음에 있었다. 그러한 그리스도인들에게 야고보는 위로와 소망을 주기 위하여 사랑의 편지를 쓰고 있다. 야고보는 열악한 환경 가운데서 믿음을 지키며 살아가는 그리스도인들에게 문안 인사를 하고 곧바로 이렇게 권면한다.

> (약1:2) "내 형제들아 너희가 여러 가지 시험을 당하거든 온전히 기쁘게 여기라."

여기에서 믿음의 형제들이 당하는 "시험"이란 시련을 말한다. 예수님을 믿어 천국백성이 된 그리스도인이라 하더라도 세상에서 시련을 당한다는 사실이다. 오히려 그리스도인으로서 믿음을 지켜야 하기 때문에 예상하지 못한 큰 시련을 만날 수 있다. 그렇게 갑자기 만난 시련 때문에 그리스도인으로서 혼란이 올 수 있고, 그 믿음마저 흔들릴 수도 있다. 그러므로 하나님의 말씀인 성경은 그리스도인들에게 그 시련에 대하여 말씀하며 그 시련의 때를 지혜롭게 극복할 것을 말씀하고 있다. 어떠한 말씀인가?

야고보는 수신자들에게 "너희가 여러 가지 시험을 당하거든 온전히 기쁘게 여기라"고 한다. 어떻게 여러 가지 시련을 만났는데 기쁘게 여길 수 있을까? 심지어 "온전히 기쁘게 여기라"고 한다. 아픔이 있고, 상처가 있고, 견딜 수 없는 고통이 있고, 앞이 전혀 보이지 않는 환경 가운데 있는데 대뜸 하는 말이 "온전히 기쁘게 여기라"고 한다. 믿음을 지키기 위하여 고향을 떠나 흩어져서 살아갈 때에 굶주림과 질병과 고독과 심한 박해의 고통이 있는데 "기쁘게 여기라"고 한다. 그것도 "온전히"를 앞에 두어 강조하고 있다. 이것은 일반 사람들이 이해할 수 없는 말씀이다. 세속의 질서 속에서 살아가는 사람들은 그 누구도 이해할 수 없는 말씀이다. 보통 사람들은 자신에게 예상하지 못한 큰 시련이 갑자기 닥치면 당황하며 어찌할 바를 모른다. 시련 때문에 기쁨을 잃고, 웃음을 잃어버린다. 억울한 일을 당하고 견딜 수 없는 시련을 만나면 삶의 의욕마저 잃어버릴 수 있다. 웃으려 하여도 오히려 그 웃음이 어색해진다. 극심한 시련 때문에 심령에 근심이 가득해진다. 그 몸은 기운이 다 빠져버리고 힘이라고는 하나도 없게 된다. 시련 때문에 마음이 아픈데 몸에 이상이 오고 행동에 이상이 온다. 시련이 너무 크게 느껴져서 다시는 일어설 수 없는 인생이라고 여겨지면 낙심하고 절망하고 모든 것을 포기해버릴 수도 있다.

그런데 본문은 뭐라고 말씀하는가? "너희가 여러 가지 시험을 당하거든 온전히 기쁘게 여기라." 시련을 만날 때에 낙심하거나 절망하거나 포기하지 말고 오히려 온전히 기쁘게 여기며 나아가라는 말씀이다. 어떻게 이 일이 가능할까?

인내를 온전히 이루라

본문은 이렇게 말씀한다.

(약1:3-4) "(3) 이는 너희 믿음의 시련이 인내를 만들어 내는 줄 너희가 앎이라 (4) 인내를 온전히 이루라 이는 너희로 온전하고 구비하여 조금도 부족함이 없게 하려 함이라."

여기에서 "믿음의 시련"을 "믿음의 시험"이라고 해도 틀림이 없다. 믿음의 시험은 유익한 시험(Test)이다. 하나님께서 아브라함을 시험하신 것은 아브라함을 더욱더 유익하게 하고, 복되게 하시려는 하나님의 사랑에서 나온 것이다.

고통스러운 시련이 오히려 우리에게 유익하다는 말씀이다. 그러므로 극심한 고난의 시련이라 하더라도 좌절하거나 흔들리지 말고 믿음으로 인내를 온전히 이루라고 말씀한다. 그리하면 우리가 이 시련을 통하여 온전하고 구비하여 조금도 부족함이 없는 하나님의 사람으로 새롭게 일어서게 된다는 말씀이다. 시련을 통하여 성숙한 하나님의 사람으로 일어서는 유익이 있다.

어느 한 분야에 전문가가 되려면 기나긴 인내의 시간이 필요하다. 상등품을 만드는 숙련공이 하루아침에 나올 수 없고, 올림픽에서 금메달을 목에 걸게 된 선수가 하루아침에 된 것이 결코 아니다. 의대에 입학한 학생이 갑자기 좋은 의사가 되는 것이 아니다. 로스쿨에 다니는 학생이 갑자기 좋은 법조인이 되는 것이 아니다. 그 분야에 훌륭한 전문가가 되기까지 감당해야 할 수많은 시련이 있고, 그 수많은 시련 가운데서 인내를 온전히 이루는 과정이 있다. 시련 중에 그 인내를 온전히 이루었을 때에 그 분야에서 좋은 전문가가 된다. 순금이 나오고 좋은 도자기가 나오기까지 그 기나긴 단련의 시간이 필요하다. 금메달을 목에 걸기까지 수많은 훈련을 인내함으로 온전히 감당하는 수고가 따른다.

하나님께서 우리에게 여러 가지 시련을 허락하시는 것은 그 시련을 참아내고 견뎌내며 인내를 온전히 이루는 과정을 통하여 우리를 성숙한 하나님의 사람으로 만들고자 하시는 하나님의 사랑 때문이다. 그러므로 시련의 때에 낙심하거나 원망할 일이 아니라 감사함으로 그 시련을 극복할 힘을 달라고 하나님께 믿음으로 기도해야 한다. 욥은 고난의 때에 하나님을 찾으며 인내하면서 이렇게 고백했다.

> (욥23:8-10) "(8) 그런데 내가 앞으로 가도 그가 아니 계시고 뒤로 가도 보이지 아니하며 (9) 그가 왼쪽에서 일하시나 내가 만날 수 없고 그가 오른쪽으로 돌이키시나 뵈올 수 없구나 (10) 그러나 내가 가는 길을 그가 아시나니 그가 나를 단련하신 후에는 내가 순금같이 되어 나오리라."

견딜 수 없는 엄청난 시련을 만난 욥이다. 그는 하나님을 만나서 하나님께 자신의 처지를 호소하고 싶어 한다. 그런데 그 하나님은 앞으로 가도 계시지 않고, 뒤로 가도 보이질 않는다. 시련의 때에 하나님을 만나 뵙고 싶은데 하나님을 만날 수도 없고, 뵈올 수도 없다. 그러나 욥은 절망하지 않는다. 낙심하지 않는다. 왜 그럴까? 그는 고백한다. "그러나 내가 가는 길을 그가(오직 하나님이) 아시나니 그가 나를 단련하신 후에는 내가 순금같이 되어 나오리라." 엄청난 시련 가운데서도 하나님을 향한 신뢰를 놓치지 않고 인내하며 견뎌냈던 욥은 후에 이렇게 고백했다.

(욥42:5) "내가 주께 대하여 귀로 듣기만 하였사오나 이제는 눈으로 주를 뵈옵나이다."

과거에는 귀로 듣기만 하는 신앙이었는데, 이제는 눈으로 주님을 뵈옵는 신앙을 소유하게 되었다. 고난 이전과 고난 이후가 완전히 다르다. 견디기 힘든 엄청난 고난을 견뎌냈을 때에 욥이 얻은 것은 이전에 누렸던 부귀영화와는 비교할 수가 없다. 애벌레가 고치를 만들고 고치 속에서 번데기가 되었다가 그 딱딱한 고치를 뚫는 고통을 감내하며 통과하였을 때에 이제는 완전히 다른 존재가 된다. 이전에는 땅을 기어 다니는 애벌레였지만 이제는 하늘을 자유롭게 날아다니는 나비가 된다. 시련의 때를 견뎌낸 이전과 이후가 완전히 다르다. 욥은 시련을 통하여 단련을 받으며 인내를 온전히 이루었다. 그리고 그는 하나님 앞에 순금 같은 사람으로 새로워졌다. 욥은 시련을 인내하는 믿음으로 극복하는 가운데서 하나님의 사람으로 온전하고 구비하여 조금도 부족함이 없는 사람으로 서게 되었다.

예수님을 믿고 따르는 그리스도인에게 시련이란 성숙을 위한 연단의 과정이다. 그리고 그 시련의 때에 인내를 온전히 이루면 그 시련의 끝에는 반드시 큰 은혜를 힘입게 된다. 여기에서 순금처럼 온전한 그리스도인이 드러나게 된다. 그러므로 베드로 사도는 이렇게 권면한다.

> (벧전4:12-14) "(12) 사랑하는 자들아 너희를 연단하려고 오는 불 시험을 이상한 일 당하는 것같이 이상히 여기지 말고 (13) 오히려 너희가 그리스도의 고난에 참여하는 것으로 즐거워하라 이는 그의 영광을 나타내실 때에 너희로 즐거워하고 기뻐하게 하려 함이라 (14) 너희가 그리스도의 이름으로 치욕을 당하면 복 있는 자로다 영광의 영 곧 하나님의 영이 너희 위에 계심이라."

평안할 때뿐만 아니라 시련의 때에도 하나님의 은혜는 흘러넘친다. 모든 시간과 모든 일들이 다 하나님의 은혜 아래 있다. 그러므로 하나님께 부르심을 받은 하나님의 사람들은 시련을 당할 때에 "온전히 기쁘게 여기라"는 말씀을 믿음으로 받아야 한다. 이 일은 내 힘으로 되지 않는다. 오직 하나님이 공급해주시는 힘으로 된다. 그러므로 우리는 하나님을 신뢰함으로 인내하며 기도하는 가운데 깨어 있어야 한다. 그러므로 야고보는 이렇게 권면한다.

> (약1:5) "너희 중에 누구든지 지혜가 부족하거든 모든 사람에게 후히 주시고 꾸짖지 아니하시는 하나님께 구하라 그리하면 주시리라."

바울도 이렇게 권면한다.

> (빌4:6-7) "(6) 아무것도 염려하지 말고 다만 모든 일에 기도와 간구로, 너희 구할 것을 감사함으로 하나님께 아뢰라 (7) 그리하면 모든 지각에 뛰어난 하나님의 평강이 그리스도 예수 안에서 너희 마음과 생각을 지키시리라."

사탄은 시련을 당하는 우리가 하나님을 향하여 원망하고 욕하고 쓰러지기를 바란다. 그러나 하나님은 시련의 때에도 여전히 우리를 사랑의 눈으로 지켜보시며, 우리를 도우신다. 하나님은 시련을 통하여 우리를 더욱더 온전한 하나님의 사람으로 만들어 가신다. 우리를 잠시 연단하신 후에는 반드시 우리에게 이전보다 더 큰 은혜와 복을 주신다(창세기 22장의 아브라함, 창세기 26장의 이삭). 그러므로 우리는 시련의 때에도 하나님을 신뢰함으로 온전히 기쁘게 여기며 인내하는 믿음으로 기도하는 가운데 새 힘을 얻어야 한다.

주님의 약속을 믿으라

　시련에는 견디기 힘든 고통이 있다. 그러나 믿음의 사람은 시련의 때에도 변함없이 우리와 함께하시며 뜻을 두고 행하시는 하나님을 신뢰하면서 굳게 서야 한다. 시련 속에도 하나님의 뜻이 있고 하나님이 약속하신 복이 있다. 어떠한 복인가?

　　(약1:12) "시험을 참는 자는 복이 있나니 이는 시련을 견디어 낸 자가 주께서 자기를 사랑하는 자들에게 약속하신 생명의 면류관을 얻을 것이기 때문이라."

　시련의 시험을 참는 자가 복이 있는 것은 그 시련을 참고 견디는 자에게 주님이 주시는 생명의 면류관이 있기 때문이다. 이것은 신실하신 주님의 약속이다. 사람은 약속을 지키지 못할 수 있다. 그러나 주님은 한번 하신 약속은 반드시 지키신다. 무엇을 약속하셨는가? 생명의 면류관이다. 썩거나 죽은 면류관이 아니다. 헛된 면류관이 아니다. 죽거나 썩지 않는 생명의 면류관이다. 세속에서 주는 면류관은 썩고 없어질 면류관이다. 그러나 주님이 주시는 면류관은 썩지 않는 생명의 면류관이다. 주님께서 정하신 때가 되면 생명의 면류관을 주신다. 주님께서 우리를 유익하게 하고 복되게 하고 살리는 면류관이다. 그러므로 주님께서 정하신 그때까지 참고 인내하며 견뎌내야 한다. 물론 시련을 만났을 때에 그 고통과 아픔과 상처가 엄청날 수 있다. 너무너무 힘들고 괴롭고 견딜 수가 없다. 내 스스로는 그때를 견뎌낼 힘이 없다. 어떻게 해야 할까? 그 시련 때문에 넘어지지 않도록 하기 위해서 주님이 우리에게 주신 은혜가 있다. 무슨 은혜인가? 그것은 모든 것을 주님께 맡겨버리는 기도이다. 우리는 항상 기도하는 일에 깨어 있어야 한다. 시련이 너무너무 힘들지라도 기도하며 깨어 있는 자는 인내를 온전히 이룰 수 있다. 시련의 때에 주님께 인정을 받을 때까지 기도함으로써 인내를 온전히 이루면 그 시련으로 인하여 오히려 큰 유익을 얻고 복을 받게 된다. 그 받는 복은 구체적으로 생명의 면류관이다. 세상이 주는 것과 비교할 수 없는 면류관이다. 이것은 결코 세속적인 면류관이 아니다. 이것은 그 시련을 통하여 내가 하나님의 사람으로 바로 서게 되는 일이다. 시련을 통하여 나를 사랑하시는 하나님의 사랑이 얼마나 크고 놀라운가를 깨닫게 된다. 그리고 그 큰 사랑에 내가 안기게 된다. 이것이 복 중의 복이다. 그러므로 시편 기자는 이렇게 고백한다.

(시119:71-72) "(71) 고난당한 것이 내게 유익이라 이로 말미암아 내가 주의 율례들을 배우게 되었나이다 (72) 주의 입의 법이 내게는 천천 금은보다 좋으니이다."

그리스도인에게 시련이 유익이 된다. 그러므로 "여러 가지 시험을 당하거든 온전히 기쁘게 여기라"고 말씀한다. 예레미야는 이렇게 전한다.

> (애3:32-33) "(32) 그가 비록 근심하게 하시나 그의 풍부한 인자하심에 따라 긍휼히 여기실 것임이라 (33) 주께서 인생으로 고생하게 하시며 근심하게 하심은 본심이 아니시로다."

하나님이 우리로 고생하게 하시며 근심하게 하시는 시련을 허락하시는 것은 하나님의 풍성하고 넘치는 사랑 때문이다. 시련의 때에 하나님의 사랑을 조금도 의심하지 말아야 한다. 오히려 풍부한 인자하심에 따라 긍휼히 여기시고 복을 주시는 하나님을 기대하며 기도하면서 때를 기다려야 한다. 그리하면 언제나 변함없이 넘치는 사랑으로 우리의 인생을 새롭게 건설하시는 하나님의 마음을 알게 된다.

바울 사도는 고린도교회를 향한 두 번째 편지에서 시련 속에 오히려 큰 소망이 있다고 전한다. 왜 시련 속에 소망이 있을까? 그것은 시련 가운데 있을 때에 하나님만 의지하게 되기 때문이다. 시련이 없을 때는 자기 자신을 바라보고, 자기 자신을 의지하고, 자기 자신의 뜻을 따라가게 되는데 시련을 통하여 하나님만 바라보고, 하나님만 의지하고, 하나님의 뜻에만 순종하는 법을 배우게 된다.

(고후1:8-9) "(8) 형제들아 우리가 아시아에서 당한 환난을 너희가 모르기를 원하지 아니하노니 힘에 겹도록 심한 고난을 당하여 살 소망까지 끊어지고 (9) 우리는 우리 자신이 사형 선고를 받은 줄 알았으니 이는 우리로 자기를 의지하지 말고 오직 죽은 자를 다시 살리시는 하나님만 의지하게 하심이라."

우리의 가는 길에는 언제나 순탄한 길만 있는 것이 아니다. 때로는 사망의 음침한 골짜기를 지나야 할 때도 있다. 피하고 싶으나 시련의 때가 갑자기 다가온다. 견딜 수 없는 아픔과 고통과 슬픔의 때를 만날 수 있다. 가까웠던 사람들마저 비난하고 외면하고 모욕과 수치를 주며 공격해 올 수 있다. 갑자기 닥친 시련 속에서 나만 홀로 남은 것 같은 철저한 고독의 늪에 빠질 수 있다. 욥은 가장 가까운 아내마저도 그를 이해해주지 못했다. 위로하고자 찾아왔던 친구들은 오히려 욥을 공격하며 정죄하고 말았다. 욥은 철저히 고독했다. 그 욥의 이야기는 과거의 이야기로 끝나는 것이 아니다. 욥의 이야기는 오늘 우리의 이야기다.

그렇다면, 우리가 낙심하고 절망하고 쓰러지고 넘어져야 할까? 결코 그렇지 않다. 사탄은 우리를 절망 가운데 넘어뜨리려고 한다. 그러나 우리는 사탄을 대적해야 한다. 믿음으로 말씀을 붙들고 깨어 있어야 한다.

(약1:12) "시험을 참는 자는 복이 있나니 이는 시련을 견디
어 낸 자가 주께서 자기를 사랑하는 자들에게 약속하신 생
명의 면류관을 얻을 것이기 때문이라."

시련의 때에 온전히 기쁘게 여기며, 인내하며 하나님을 신뢰하
면 우리를 공격하던 사탄은 물러가고 하나님이 주시는 큰 승리가
우리 앞에 다가온다. 시련의 때에 우리를 사랑하시는 하나님의 놀
라운 사랑을 깨달을 수 있다. 시련의 때에 우리의 힘이요, 능력이
요, 방패요, 반석이신 주님을 더욱더 깊이 만날 수 있다. 시련의 때
에도 하나님의 은혜는 차고 넘친다. 하나님은 시련의 때에도 여전
히 우리 곁에 함께하시며 우리를 안위해주신다. 시련의 때에 그
누구보다도 나를 가장 가까이하며 나에게 힘을 주시는 분은 하나
님이시다. 야곱은 시련의 때에 홀로 하나님과 대면하면서 하나님
을 깊게 만나고 하나님의 은혜를 힘입고 새로워졌다. 시련의 때에
하나님의 얼굴을 보는 브니엘을 체험했다. 시련의 때에 지금까지
체험하지 못한 하나님을 체험하면서 야곱이 변하여 이스라엘이
되었다(창32장). 욥은 시련을 통하여 더욱더 하나님의 사람으로
온전해졌다. 다윗도 마찬가지다. 사울 왕이 자신을 죽이려고 수없
이 군사를 동원하여 추격해오는 시련을 당했다. 사랑하는 아들 압
살롬이 반역하여 자신을 향하여 군대를 일으켜 다윗은 도망자가
되어 피난을 떠나야 했다. 그러한 다윗이 하나님을 신뢰함으로 인
내를 온전히 이루었을 때에 그는 하나님의 마음에 맞는 사람으로
인정을 받았다.

시련의 때에 넘어지지 말고 하나님을 신뢰함으로 오히려 기뻐하면서 인내를 온전히 이루어야 한다. 이를 통하여 하나님의 크신 은총의 손길과 그 놀라운 사랑의 품에 안기게 된다. 베드로는 우리에게 이렇게 권면한다.

> (벧전5:7-10) "(7) 너희 염려를 다 주께 맡기라 이는 그가 너희를 돌보심이라 (8) 근신하라 깨어라 너희 대적 마귀가 우는 사자같이 두루 다니며 삼킬 자를 찾나니 (9) 너희는 믿음을 굳건하게 하여 그를 대적하라 이는 세상에 있는 너희 형제들도 동일한 고난을 당하는 줄을 앎이라 (10) 모든 은혜의 하나님 곧 그리스도 안에서 너희를 부르사 자기의 영원한 영광에 들어가게 하신 이가 잠깐 고난을 당한 너희를 친히 온전하게 하시며 굳건하게 하시며 강하게 하시며 터를 견고하게 하시리라."

시련의 때에 흔들리지 말고 주님을 신뢰함으로 말씀을 붙들자. 시련의 때에 주님을 신뢰함으로 온전히 기쁘게 여기며 참고 견디며 이겨내자. 잠깐의 인내가 아니라 온전한 인내를 이루자. 시련이라고 염려하거나 낙심하지 말고 주님의 약속을 믿음으로 당당하자. 지금 시련을 당하는 형제를 주님의 사랑으로 돌아보며 그를 위하여 기도하자. 욥처럼 나를 단련하시는 주님이 반드시 나를 순금같이 되어 나오도록 하실 것을 믿고 시련의 때이지만 오히려 온전히 기쁘게 여기며 감사와 찬송을 올리자. 짧은 안개생명 길에서 시련은 잠깐일 뿐이다.

2

미혹의 시험에 속지 말라

약1:13-18

속지 말라

야고보는 믿음을 지키기 위하여 집과 고향을 떠나 각지에 흩어져서 살아가는 그리스도인 형제들에게 사랑하는 마음을 담아 이렇게 권면한다.

(약1:16) "내 사랑하는 형제들아 속지 말라."

사람은 누구나 사랑하는 사람이 잘되기를 바란다. 사랑하는 사람에게 마음을 주고, 물질을 주고, 심지어 생명의 위협을 무릅쓰고 사랑하는 사람이 잘되기를 위하여 헌신을 한다. 자녀를 가진 부모는 사랑하는 자녀를 위하여 기꺼이 헌신을 한다. 하나님은 그 택한 자녀들을 사랑함으로 그 독생자까지 아낌없이 십자가에 내어주셨고 지금도 그 아들과 더불어 우리에게 모든 것을 더해주시기를 원하신다(롬8:32). 사랑하는 자들이 잘되기를 바라는 것은 창조의 질서이다. 창조의 질서를 따라 권면하는 자는 사랑함으로 해야 하고, 권면을 받는 자는 그 권면에서 권면하는 자의 사랑을 보고 그 권면을 감사함으로 받아야 한다. 야고보는 사랑함으로 그리스도인 형제들이 잘되기를 바라며 "속지 말라"고 권면한다. 무엇에 속지 말아야 할까?

> (약1:13-15) "(13) 사람이 시험을 받을 때에 내가 하나님께 시험을 받는다 하지 말지니 하나님은 악에게 시험을 받지도 아니하시고 친히 아무도 시험하지 아니하시느니라 (14) 오직 각 사람이 시험을 받는 것은 자기 욕심에 끌려 미혹됨이니 (15) 욕심이 잉태한즉 죄를 낳고 죄가 장성한즉 사망을 낳느니라."

여기 13절과 14절에서 말씀하는 "시험"은 2절이나 12절에서 말씀하는 "시험"과는 완전히 다른 것이다. 2절과 12절에서 말씀하는 "시험"은 성도들로 온전하고 구비하여 조금도 부족함이 없게 하려는 유익한 시험(Trial, Test)이다. 그리스도인이 당하는 시련의 시험으로 그 시련을 인내하며 견디어 낼 때에 그 시험을 참는 자에게는 복이 있다(12). 그러나 13절과 14절의 "시험"은 결코 유익한 시험이 아니다. 이 시험은 해로운 시험(Temptation)이다. 이 시험은 시험을 받는 자로 죄를 짓게 하고, 사망에 이르게 하는 악한 시험이요, 해로운 미혹의 시험이다(15).

이처럼 해롭고 악한 시험은 결코 하나님으로부터 온 것이 아니다. 그런데 문제는 사람들이 악하고 해로운 미혹의 시험을 받을 때에 자신이 하나님으로부터 시험을 받는다고 속는 데에 있다. 세속의 질서를 따라감으로 재물 때문에 시험에 들고, 이성 때문에 시험에 들고, 시기심 때문에 시험에 들고, 명예와 권력 때문에 시험에 들고, 향락 때문에 시험에 들고서는 자신이 하나님께 시험을 받는다고 속는다. 그러나 분명한 것은 하나님은 악에게 시험을 받지도 아니하시고, 친히 아무에게도 악하고 해로운 미혹의 시험을 하시지 않으신다(13). 시련의 시험과 미혹의 시험을 분별하는 지혜가 필요하다.

욕심대로 살지 말라

야고보는 악하고 해로운 미혹의 시험은 결코 하나님께로부터 오지 않았다고 말하고 나서 바로 이어서 그 시험의 출처를 밝힌다. 미혹의 시험은 어디로부터 오는 것일까?

> (약1:14) "오직 각 사람이 시험을 받는 것은 자기 욕심에 끌려 미혹됨이니."

오직 각 사람이 시험을 받는 것은 무엇 때문인가? 자기 욕심에 끌려 미혹되기 때문이다. 자기 욕심에 끌려 미혹되기 때문에 각 사람이 악하고 해로운 미혹의 시험을 받는다. 문제는 사람 속에 있는 욕심이다. 욕심이 그 사람으로 미혹의 시험을 받게 한다.

그렇다면, 사람이 자기 욕심에 끌려 미혹되는 일은 왜 일어날까? 사람이 욕심에 끌려 미혹되는 악하고 해로운 시험은 그 배후에 마귀가 있다는 사실을 우리는 기억해야 한다.

> (요8:44) "너희는 너희 아비 마귀에게서 났으니 너희 아비의 욕심대로 너희도 행하고자 하느니라 그는 처음부터 살인한 자요 진리가 그 속에 없으므로 진리에 서지 못하고 거짓을 말할 때마다 제 것으로 말하나니 이는 그가 거짓말쟁이요 거짓의 아비가 되었음이라."

"너희는 너희 아비 마귀에게서 났으니 너희 아비의 욕심대로 너희도 행하고자 하느니라." 마귀(사탄)는 욕심대로 행하는 원조이다. 거짓말쟁이요, 거짓의 아비요, 욕심대로 행하는 아비이다.

> (사14:12-15) "(12) 너 아침의 아들 계명성이여 어찌 그리 하늘에서 떨어졌으며 너 열국을 엎은 자여 어찌 그리 땅에 찍혔고 (13) 네가 네 마음에 이르기를 내가 하늘에 올라 하나님의 뭇별 위에 내 자리를 높이리라 내가 북극 집회의 산 위에 앉으리라 (14) 가장 높은 구름에 올라가 지극히

높은 이와 같아지리라 하는도다 (15) 그러나 이제 네가 스올 곧 구덩이 맨 밑에 떨어짐을 당하리로다."

이 말씀은 일차적으로는 자신을 하나님과 동등하게 여겨 자신을 신성시했던 바벨론 왕의 멸망을 말씀한다. 그러나 궁극적으로는 그 욕심대로 행하는 마귀의 타락을 나타내는 말씀이다(눅 10:18; 계13:4-8; 17:3-5). 마귀의 욕심은 한이 없다. 교만하여 욕심대로 하나님의 자리를 찬탈하고자 한 마귀는 결국에는 지옥 구덩이 맨 밑바닥에 떨어짐을 당하게 된다.

욕심대로 행하는 마귀는 할 수만 있으면 택한 자라도 넘어뜨리려고 우는 사자같이 두루 다니며 삼킬 자를 찾고 있다(벧전5:8). 마귀는 우리를 넘어뜨리려고 우리의 욕심대로 행하도록 우리를 끊임없이 미혹하되 자신을 광명의 천사로 가장한다(고후11:14). 마귀는 심지어 하나님의 아들 예수 그리스도까지도 그 욕심대로 행하도록 미혹하였다(마4장).

에덴동산에서 하나님과 함께하며 행복하게 살아가던 아담과 하와를 뱀이 어떻게 미혹했는가?

(창3:5) "너희가 그것을 먹는 날에는 너희 눈이 밝아져 하나님과 같이 되어 선악을 알 줄 하나님이 아심이니라."

마귀는 아담과 하와에게 하나님처럼 되려는 욕심을 불어넣어서 그 욕심대로 행하도록 미혹하였다. 그 미혹에 넘어지니까 분별력이 없어져 버렸다.

> (창3:6) "여자가 그 나무를 본즉 먹음직도 하고 보암직도 하고 지혜롭게 할 만큼 탐스럽기도 한 나무인지라 여자가 그 열매를 따 먹고 자기와 함께 있는 남편에게도 주매 그도 먹은지라."

보이지 않지만 마귀는 끊임없이 우리를 넘어뜨리려고 우리의 욕심대로 행하도록 우리를 미혹하고 있다. 우리가 하나님의 말씀을 버리고 자기 욕심대로 행하면 아담과 하와처럼 낭패를 당하고 만다.

시험에 속는 일은 죽는 일임을 알라

욕심이 잉태한다고 했다. 겉으론 보이지 않지만 사람의 마음에 욕심이 잉태할 수 있다. 그 욕심이 처음에는 아주 작아서 욕심을 품은 자신조차도 모를 수 있다. 그러나 그 욕심이 내면에서 서서히 자라면서 커가게 된다. 그러다가 그 내면의 욕심이 커질 대로 커졌을 때에 죄를 낳고 만다. 이제 그 욕심 때문에 하나님의 말씀을 무시해버린다. 죄가 무엇일까? 그것은 하나님을 무시하고 하나님의 말씀을 무시하는 일이다. 욕심이 커질 대로 커지면 하나님의 말씀을 버리고 불순종의 길을 가게 된다.

하나님은 아담과 하와에게 선악을 알게 하는 나무의 열매는 따 먹지 말라고 했고 그것을 먹는 날에는 반드시 죽으리라고 말씀하셨다(창2장). 그러나 그들에게 욕심이 가득하게 될 때에 그들은 하나님의 말씀을 집어던져버리고 불순종하는 죄를 붙들고 말았다(창3장). 하나님은 사울에게 아말렉을 쳐서 그들의 모든 소유를 남기지 말고 진멸하라고 했다. 그러나 사울은 아말렉 왕 아각과 그의 양과 소의 가장 좋은 것과 모든 좋은 것을 남기고 가치 없고 하찮은 것만 진멸하였다(삼상15:1-9). 사울은 자기 욕심을 채우기 위하여 하나님의 말씀을 버리고 말았다(삼상15:19,23,26). 사무엘하 12장 9절에 보면, 다윗도 자기 욕심을 채우기 위하여 하나님의 말씀을 업신여기고 우리아를 죽이고 우리아의 아내를 빼앗는 악을 행하였다고 전하고 있다. 자기 욕심에 끌려 미혹될 때에 죄가 죄인 줄을 모른다. 오히려 죄가 달콤하고 맛이 있다. 결국 미혹에 넘어져 하나님께 불순종하는 죄의 자리로 나가고 만다.

그런데 욕심에 붙들려 죄를 범하였을 때에 그 죄를 빨리 깨닫고 회개하는 일이 중요하다. 다윗은 교만하여 인구를 조사했을 때에도, 우리야의 아내 밧세바를 범하였을 때에도 하나님 앞에서 엎드려 눈물로 회개함으로써 새롭게 일어섰다. 그러나 사울은 진실로 회개할 줄을 몰랐다. 회개하지 못하니까 완고한 사울에게서 죄가 장성해갔다. 결국 그는 말씀을 버리고 불순종하므로 하나님께 버림을 받고 말았다(삼상15:23,26). 욕심이 잉태하여 죄를 낳는데 그때에 회개함으로써 그 욕심과 죄를 벗어버리지 못하면 그 죄는 더욱더 자라서 왕성하게 된다.

> (약1:15) "욕심이 잉태한즉 죄를 낳고 죄가 장성한즉 사망을 낳느니라."

죄가 자라서 어떻게 되는가? 죄는 자라서 결국에 사망을 낳는다. 죄는 생명을 죽이는 악한 독이다. 하나님의 말씀을 버리고 말씀에 불순종하는 자마다 죄를 먹고 마시는 자로서 결국에 하나님께 버림을 받게 된다. 하나님께 버림을 받는 일은 생명을 잃는 일이다.

죄는 자라난다. 몸에 암 덩어리가 처음부터 큰 것이 아니다. 처음에는 아주 미세하게 시작하지만 그것이 자라면 몸을 죽게 만들고 만다. 우리의 죄도 마찬가지다. 죄가 자라서 장성한다. 바늘도둑이 소도둑이 된다. 죄가 자라면 이제는 죄가 죄인 줄을 모르고 무디어진다. 결국 죄는 자랄 대로 자라서 생명을 죽이고 만다. 죄를 품은 자마다 반드시 하나님의 심판을 받게 되고 멸망에 이르게 된다.

(약1:14) "오직 각 사람이 시험을 받는 것은 자기 욕심에
끌려 미혹됨이니."

"오직 각 사람이 시험을 받는다"고 말씀한다. 각각 자기 개인욕
심에 끌려 미혹된다. 공동체적으로 시험을 받는 것이 아니다. 개
인적으로 시험을 받는다. 혼자서 자기 욕심에 끌릴 때가 위험하
다. 그러므로 믿음의 사람들은 서로 함께 하며 나누는 일이 중요
하다. 신앙생활도 함께 하는 일이 필요하다. 결코 혼자서 하는 일
은 바람직하지 못하다. 공동체적으로 시험을 받는 것보다 개인적
으로 시험을 받고 넘어지기가 쉽다. 그러나 과일 상자 속에서 하
나의 과일이 썩으면 나머지 과일들이 서서히 썩어가는 것처럼, 한
사람이 시험에 들어 넘어지면 나머지 사람들에게 악영향을 미치
고 만다. 한 개인이 시험에 빠지면 서서히 그가 속한 공동체 전체
에 큰 고통과 아픔과 상처를 가져오게 된다. 시험은 각 사람이 받
으나 그 결과 미치는 영향은 전체적이다. 가정에서 아버지가 미혹
의 시험에 빠지면 아버지만 아니라 그 가족 전체에 어둠이 임하고
가족 전체가 큰 고통을 당하게 된다.

여리고성 전투에서 아간의 개인 욕심으로 하나님께 온전히 바
쳐진 물건 중에서 은과 외투와 금덩이를 취하였을 때에 이스라엘
전체가 큰 고통을 당하였다. 아간 한 사람의 범죄로 말미암아 여
리고성보다 훨씬 작은 아이성 전투에서 큰 패배를 당하고 말았다.

성경은 이렇게 전하고 있다.

> (수22:20) "세라의 아들 아간이 온전히 바친 물건에 대하여 범죄하므로 이스라엘 온 회중에 진노가 임하지 아니하였느냐 그의 죄악으로 멸망한 자가 그 한 사람만이 아니었느니라 하니라."

다윗이 이스라엘 왕이었을 때에 사탄의 충동으로 욕심에 이끌려 미혹된 때가 있다. 요압 장군이 말렸지만 하나님이 아닌 자신의 힘이 얼마나 강한지를 알고자 이스라엘을 계수하였다. 그 일로 인하여 이스라엘 백성에게 전염병이 내려져서 죽은 자가 칠만 명이었다(대상21장). 또한 다윗 개인의 욕망으로 우리야의 아내 밧세바를 범했는데 그 일로 인하여 다윗 자신만이 아니라 이스라엘 전체가 당한 고통은 매우 컸음을 성경은 전하고 있다(삼하11장, 12장).

인류의 조상 아담이 욕심에 이끌려 마귀의 미혹에 넘어졌을 때에 그 파급효과는 엄청나게 큰 것이었다.

> (롬5:12) "그러므로 한 사람으로 말미암아 죄가 세상에 들어오고 죄로 말미암아 사망이 들어왔나니 이와 같이 모든 사람이 죄를 지었으므로 사망이 모든 사람에게 이르렀느니라."

공동체 안에서 나 한 사람이 아무것도 아닌 것이 아니다. 나 한 사람의 책임으로 끝나는 것이 아니다. 한 사람이 행하는 선과 악이 공동체 전체에 다 연결이 되어 있다. 나 한 사람이 공동체 전체를 받들고 있는 아주 중요한 생명이다. 그러므로 나 자신뿐만 아니라 내가 속한 공동체를 위하여 욕심에 끌려 미혹에 넘어지지 않도록 항상 깨어 있어야 한다.

우리는 속지 말아야 한다. 하나님 아버지로부터 오는 온전한 선물인지 아니면, 나 자신으로부터 나오는 욕심인지를 분별할 줄 알아야 한다. 자기 욕심 때문에 받는 시험을 하나님으로부터 받는다고 생각하는 어리석음에 빠져서는 안 된다. 하나님은 친히 아무도 유혹에 빠지는 시험을 하시지 않는다.

미혹의 시험을 단호하게 대적하라

자기 욕심에 끌려 미혹되지 않기 위하여 우리는 어떻게 해야 할까? 그것은 미혹의 시험을 단호하게 대적해야 한다. 광명의 천사를 가장한 사탄의 미혹에 흔들려서는 안 된다(고후11:14). 마귀는 우리가 틈을 주면 비집고 들어와 자리를 깔고 앉아서 우리를 넘어뜨리려고 미혹한다. 그러나 마귀는 우리가 대적하면 곧 물러

가게 된다. 야고보는 이렇게 전한다.

> (약4:7) "그런즉 너희는 하나님께 복종할지어다. 마귀를
> 대적하라 그리하면 너희를 피하리라."

① 우리는 예수님처럼 말씀을 붙들고 순종하는 가운데 모든 미혹을 물리쳐야 한다. 예수님은 마귀에게 시험을 받으실 때에 기록된 하나님의 말씀으로 물리치셨다(마4:1-11).

> (마4:10-11) "(10) 이에 예수께서 말씀하시되 사탄아 물러가라 기록되었으되 주 너의 하나님께 경배하고 다만 그를 섬기라 하였느니라. (11) 이에 마귀는 예수를 떠나고 천사들이 나아와서 수종 드니라."

② 우리는 예수님의 말씀을 붙들고 깨어 기도함으로써 모든 미혹의 시험을 물리쳐야 한다. 예수님은 이렇게 말씀하신다.

> (마26:41) "시험에 들지 않게 깨어 기도하라 마음에는 원이로되 육신이 약하도다...."

③ 우리는 모든 욕심을 버리고 우리 안에 거하시는 보혜사 성령을 따라 행해야 한다. 그리하면 결코 시험에 들지 않는다. 바울

은 이렇게 전한다.

> (갈5:16) "내가 이르노니 너희는 성령을 따라 행하라 그리하면 육체의 욕심을 이루지 아니하리라."

④ 우리는 언제나 겸손의 자리로 나가야 한다. "...선 줄로 생각하는 자는 넘어질까 조심하라"고 했다(고전10:12). 우리의 힘이나 우리의 지혜나 우리의 능력으로 결코 미혹의 시험을 물리칠 수 없다. 오직 말씀과 기도와 성령의 능력으로 모든 시험을 이길 수 있다. 말씀과 기도와 성령의 능력으로 깨어 있을 때에 거짓에 속지 않고 진리에 바로 서게 된다. 교만하여 내 스스로 장담하다가는 다윗처럼 스스로 속을 수도 있다. 장담하다가 자기 욕심에 끌려 미혹될 수가 있다. 마귀는 지금 신앙생활을 잘 한다고 생각하는 사람을 공격할 수 있다. 다윗은 하나님의 마음에 맞는 사람이었다. 그런데도 잠시 자기 욕심에 끌려 미혹되었던 다윗이다. 아무도 장담할 수 없다. 장담하다가 말씀과 기도와 성령으로 깨어 있지 못하면 넘어질 수 있다. 속을 수 있다. 그러므로 우리는 자신이 언제든지 욕심에 끌려 미혹될 수 있는 연약한 존재임을 인정하고 깨어 있어야 한다.

짧은 안개생명 길에서 내 욕심대로 살지 말자. 미혹의 시험에 속아서 욕심대로 살면 죽는 일임을 기억하고 단호하게 대적하자.

미혹의 시험에 속지 않기 위하여 오직 말씀과 기도와 성령으로 깨어서 겸손히 말씀을 따르고, 주님을 따르고, 성령을 따라 행하자. 욕심에 끌려 살아가는 사망의 삶이 아니라, 하나님이 주시는 온갖 좋은 은사와 온전한 선물로 가득 채워진 생명의 삶을 살아가자. 날마다 순간순간마다 큰 은혜를 베풀어주시는 하나님 아버지 앞에서 하나님의 자녀로 살아가자.

3

참된 경건을 이루라

약1:19-27

기독교 역사 초기에 기독교인들은 수많은 박해와 역경 속에서
그 신앙을 지켰다. 인류의 구세주 예수 그리스도를 믿고 따름으로
세속세계에서 결코 형통하지 못하였다. 오히려 그들은 믿음 때문
에 수많은 박해를 받으면서 고향을 떠나고 동족을 떠나고 가족을
떠나는 아픔과 고통을 감당해야 했다. 그러나 그들은 자신들을 회
유하는 모든 미혹과 박해에 전혀 굴복하지 않았다. 왜냐하면 그들
의 인생에서 최고의 가치와 최고의 성공은 예수 그리스도를 믿는
믿음에 있었기 때문이다. 그러므로 그들은 믿음을 지키기 위하여
모든 것을 견디며 인내하였다.

　그런데 세월이 흘러가면서 초대교회 성도들 가운데 경건의 겉
모양은 있으나 속은 텅텅 비어버린 거짓된 경건에 속는 자들이 나
타났다. 참된 경건인 하나님의 의를 이루는 것보다는 자신의 의를
이루려는 악에 빠지는 일이 대수롭지 않게 일어났다. 스스로 거짓
에 속아서 자신의 의를 이루는 것을 경건인 줄로 여겼다. 그러다

가 자신의 의를 이루지 못할 때에는 성을 내며 모든 더러운 것과 넘치는 악에 붙들려 하나님의 의를 이루지 못하고 말았다. 결과적으로 그들의 경건은 참된 경건이 아닌 거짓된 경건이었다.

오직 참된 경건은 하나님의 의를 이루는 데에 있다(20). 겉으로 드러난 종교생활의 열심이 결코 경건이 아니다. 참된 경건이란 모든 삶에서 하나님을 왕으로 모시고, 그 왕의 뜻을 기뻐하며 순종하는 행동으로 나타나야 한다. 아무리 겉모습이 화려하다 하더라도 하나님의 의를 이루지 못하면 그 경건은 가짜일 뿐이다. 가짜 경건은 하나님의 의가 아닌 자신의 의를 이루는 데에 집중한다. 이것은 거짓에 속는 일이다.

그렇다면, 참된 경건을 이루기 위하여 우리가 할 일은 무엇일까?

말씀을 들어야 한다

(약1:19-21) "(19) 내 사랑하는 형제들아 너희가 알지니 사람마다 듣기는 속히 하고 말하기는 더디 하며 성내기도 더디 하라 (20) 사람의 성내는 것이 하나님의 의를 이루지 못함이니라 (21) 그러므로 모든 더러운 것과 넘치는 악을 내버리고 너희 영혼을 능히 구원할 바 마음에 심어진 말씀을 온유함으로 받으라."

하나님의 의를 이루는 자가 진실로 경건한 자이다. 자신의 마음과 생각과 말과 행동에서 하나님께서 요구하시는 뜻을 구하며 그 뜻을 이루며 살아야 한다. 이를 위하여 우리가 실천해야 할 일이 있다.

말씀을 속히 들어야 한다

"듣기는 속히 하라"고 말씀한다(19). 왜 그럴까? 그것은 하나님의 의를 이루기 위해서이다. 말씀 듣기를 속히 하지 못하면 자신의 의를 이루는 유혹에서 자유롭지 못하게 된다. 그러므로 내 생각, 내 주장, 내 경험, 내 계산, 나의 모든 것을 다 내려놓고 하나님의 말씀을 속히 들어야 한다(창22:1-3; 출24:3). 말씀을 속히 들어야 내 신앙과 내 행동이 하나님의 의를 이루며 참된 경건을 완성하게 된다. 하나님의 말씀을 듣지 않으면 그 누구도 하나님의 의를 이룰 수 없다. 말씀이 없이는 결코 참된 경건을 이룰 수 없다. 특히, 본문에서 야고보의 편지를 받고 있는 그리스도인들처럼 수많은 박해와 여러 가지 시련이 밀려오는 상황에서 그 모든 것을 이길 수 있는 힘은 오직 하나님의 말씀에서 나오기 때문이다. 그러므로 그리스도인은 언제나 말씀을 속히 믿음으로 듣고 순종할 준비가 되어 있어야 한다(시143:8; 창6:22; 창22:3). 여기에서 그리스도인의 참된 경건이 이루어진다. 말씀을 속히 듣지 못하고 말씀을 외면한 거짓 경건은 하나님이 받지 않으실 뿐만 아니라 그 죄에 대하여 하나님이 반드시 심판하신다(창4:1-12; 삼상15:17-23; 사5:24). 참된 경건은 말씀을 속히 듣고 지키는 데서 출발한다 (요일2:5; 계2:7,11,17,29; 계3:6,10,13,22).

(계2:29) "귀 있는 자는 성령이 교회들에게 하시는 말씀을 들을지어다."

말하는 것과 성내는 일을 더디 해야 한다

하나님의 말씀을 듣는 일은 속히 해야 유익하다. 그러나 나의 말하는 것과 성내는 일은 더디 해야 유익하다. 말하는 것과 성내는 일을 빨리하게 되면 반드시 후회가 뒤따르게 된다. 경건생활에서 나를 항상 좌절하게 하고 부끄럽게 하는 것은 내가 급하게 말하고, 내가 급하게 성내는 일에서 나온다. 왜 급하게 말하고 급하게 성을 내는가? 그것은 내 생각, 내 경험, 내 계산이 틀림없이 옳다고 여기며 내 것을 기준으로 삼기 때문이다. 그러나 하나님은 언제나 옳고 나는 언제나 넘어질 수밖에 없는 연약한 존재임을 인정하고 행하는 것이 참된 지혜이다. 나는 말에 실수가 많은 존재이다(약3:2). 오직 그리스도인의 기준은 우리가 속히 들어야 할 하나님의 말씀에 있다. 그러므로 우리는 말하는 것과 성내는 일을 더디 하며 뒤로 미루어야 한다. 그리고 속히 하나님의 말씀을 듣고, 말씀 안에서 성령이 말하게 하심을 따라 말해야 한다(행2:4). 그럴 때에 하나님의 의를 이루고 참된 경건에 이르게 된다.

베드로는 주님께서 십자가의 고난을 말씀하셨을 때에 그 말씀을 속히 듣고 받아들이기보다는 자기의 말을 급히 하다가 실수하고 말았다(마16:21-23). 주님께서 십자가의 고난을 말씀하시자 베드로는 급하게 주님을 붙들고 이렇게 항변했다.

> (마16:22) "...주여 그리 마옵소서 이 일이 결코 주께 미치지 아니하리이다."

그때에 주님께서 베드로에게 하신 말씀이 너무나 무섭고 두렵다.

> (마16:23) "...사탄아! 내 뒤로 물러가라 너는 나를 넘어지게 하는 자로다 네가 하나님의 일을 생각하지 아니하고 도리어 사람의 일을 생각하는도다...."

자기의 말을 급하게 하다가 주님의 뜻과는 전혀 다른 곳을 가버린 베드로다. 급하게 말을 하다가 주님의 의를 이루기보다는 오히려 사탄의 편에서 사탄의 도구로 쓰임을 받고 있다. 이러한 베드로의 사건은 베드로의 일로 끝나는 것이 결코 아니다. 오늘 나도 급하게 말을 하고, 급하게 성을 내다가 베드로처럼 사탄의 도구로 쓰임을 받을 수 있다. 내가 급하게 말하고 급하게 성내는 일로 하나님의 의를 이룰 수 없고, 참된 경건을 이룰 수 없음을 기억하고 깨어 있어야 한다.

고난 중에 있던 욥을 친구들이 위로하러 왔다. 욥의 세 친구들은 처음에는 욥에게 한마디도 말하지 않고 침묵으로 욥을 위로하였다(욥2:11-13). 그러나 그들이 입을 열어 급하게 말하기를 시작하므로 오히려 욥을 더욱더 고통스럽게 하고 말았다. 그때에 욥이 세 친구들에게 했던 말이 있다. 욥은 친구들에게 이렇게 말했다.

(욥6:25) "옳은 말이 어찌 그리 고통스러운고 너희의 책망은 무엇을 책망함이냐?"

자신들이 옳다고 여기며 급하게 했던 말들이 고통을 당하는 욥을 위로하기는커녕, 오히려 욥에게 더욱더 큰 고통만 안겨주었을 뿐이다. 하나님의 의를 이루는 참된 경건은 내가 급하게 말을 많이 하고, 급하게 성내는 데에 있지 않다. 참된 경건은 오직 하나님의 말씀을 속히 듣고 말씀을 따르는 데서 시작된다.

(잠29:20) "네가 말이 조급한 사람을 보느냐 그보다 미련한 자에게 오히려 희망이 있느니라."

(잠29:22) "노하는 자는 다툼을 일으키고 성내는 자는 범

죄함이 많으니라."

(엡4:26-27) "(26) 분을 내어도 죄를 짓지 말며 해가 지도록 분을 품지 말고 (27) 마귀에게 틈을 주지 말라."

(시19:7-8) "(7) 여호와의 율법은 완전하여 영혼을 소성시키며 여호와의 증거는 확실하여 우둔한 자를 지혜롭게 하며 (8) 여호와의 교훈은 정직하여 마음을 기쁘게 하고 여호와의 계명은 순결하여 눈을 밝게 하시도다."

버릴 것을 버리고, 취할 것을 취해야 한다

(약1:21) "그러므로 모든 더러운 것과 넘치는 악을 내버리고 너희 영혼을 능히 구원할 바 마음에 심어진 말씀을 온유함으로 받으라."

하나님의 의를 이루고 참된 경건을 이루기 위하여 버릴 것을 버려야 한다. 무엇을 버려야 하는가? 그것은 모든 더러운 것과 넘치는 악이다. 온갖 더러운 죄와 넘치는 악이 내 안에서 꿈틀거리고 있을 수 있다. 선을 행하기 원하는 나에게 악이 함께 있다(롬7:21). 내 스스로는 언제나 연약한 존재인 것을 인정하고 보혈의 십자가 앞에 무릎을 꿇어야 한다. 속히 회개하는 일이 필요하다. 나는 그리스도의 보혈로 씻음을 받는 회개가 없으면 금세 더러운 죄에 빠지고, 넘치는 악에 사로잡히는 존재인 것을 인정해야 한다. 그리고 모든 죄악에서 나를 건져주시는 주 예수 그리스도를 바라보아야 한다(롬7:21-25). 더러운 죄와 넘치는 악을 내버리지 않고 죄악을 품고 있는 자는 결코 하나님의 의를 이룰 수 없고 참된 경건을 이룰 수 없다. 오늘 내가 속히 버려야 할 것은 모든 더러운 죄와 넘치는 악이다.

그러면, 내가 속히 취할 것은 무엇인가? 그것은 내 마음에 심어진 말씀을 온유함으로 받는 일이다(21). 내 마음 밭에 뿌려진 말씀을 온유함으로 받을 때에 그 말씀이 내 영혼을 능히 구원한다. 말씀을 취해야 내가 참된 경건에 이르게 되고 죽지 않으며 생명의 삶을 살게 된다. 여기에서 "온유"란 내 생각, 내 계산, 내 뜻을 다 내려놓고 하나님의 말씀, 하나님의 뜻에 순종하는 일이다. 죄가 없으신 예수님은 온유함으로 하나님 아버지의 뜻에 순종하여 십자가에 죽기까지 하셨다. 바로, 온유함으로 말씀을 받고, 그 말씀에 순종할 때에 하나님의 의가 이루어진다. 온유함으로 내 뜻을 내려놓고, 하나님의 말씀을 받을 때에 참된 경건이 이루어진다.

말씀을 실천해야 한다

(약 1:22-25) "(22) 너희는 말씀을 행하는 자가 되고 듣기만 하여 자신을 속이는 자가 되지 말라 (23) 누구든지 말씀을 듣고 행하지 아니하면 그는 거울로 자기의 생긴 얼굴을 보는 사람과 같아서 (24) 제 자신을 보고 가서 그 모습이 어떠했는지를 곧 잊어버리거니와 (25) 자유롭게 하는 온전한 율법을 들여다보고 있는 자는 듣고 잊어버리는 자가 아니요 실천하는 자니 이 사람은 그 행하는 일에 복을 받으리라."

말씀을 실천하는 자와 말씀을 실행하지 않는 자는 완전히 다른 존재이다. 말씀을 듣고도 행하지 않는 자는 자신을 속이는 자가 된다. 마치 거울로 자신의 얼굴을 보고 곧 잊어버리는 자와 같다. 이러한 사람은 말씀이 그 삶에서 전혀 열매로 나타나지 않으므로 말미암아 결코 하나님의 의를 이룰 수 없고, 참된 경건을 이룰 수 없다. 그러므로 말씀을 실행하지 않는 자는 말씀을 실행하지 않으므로 말씀에서 약속한 복을 받지 못한다. 말씀을 실행하지 않으므로 아담은 에덴동산에서 쫓겨나고 말았으며(창 3장), 사울 왕은 하나님께 버림을 받고 말았다(삼상 15:23,26).

말씀을 실행하지 않는 자는 말씀 안에 들어있는 복을 내던지는 존재가 된다. 그러나 말씀을 실천하는 자는 말씀 안에 들어있는 복을 받게 된다. "말씀을 행하는 자"(22)와 "자유롭게 하는 율법을 들여다보고 있는 자"(25)는 같은 존재이다. 바로, 우리를 영원히 자유롭게 해주시는 진리이신 예수님을 바라보는 자이다(요 8:32,36). 바로, 말씀의 주인공이신 예수님을 믿고(요3:16), 예수님을 영접하고(요1:12), 예수님을 바라보고(히12:2), 예수님을 따르고(마8:22; 마16:24), 예수님을 증거하며(행1:8), 예수님께 내 인생을 다 맡겨버린 자이다. 예수님께서 아버지의 뜻에 100 퍼센트 온전히 순종하고 십자가에 죽기까지 말씀을 다 이루셨던 것처럼, 우리도 말씀의 주인공이신 예수님을 나의 주, 나의 왕, 나의 하나님으로 믿고 말씀에 100 퍼센트 순종함으로 행해야 한다. 말씀을 실천하는 자에게 말씀 안에 있는 복이 따르며, 말씀 안에 있는 구원과 영생과 천국과 하나님의 자녀 된 복이 따른다. 이것이 하나님의 의를 이루는 일이며, 참된 경건을 이루는 일이다.

하나님 아버지 앞에서 행해야 한다

(약1:26-27) "(26) 누구든지 스스로 경건하다 생각하며 자기 혀를 재갈 물리지 아니하고 자기 마음을 속이면 이 사람의 경건은 헛것이라 (27) 하나님 아버지 앞에서 정결하고 더러움이 없는 경건은 곧 고아와 과부를 그 환난 중에 돌보고 또 자기를 지켜 세속에 물들지 아니하는 그것이니라."

헛된 경건 곧 거짓된 경건이 있다. 스스로 경건하다고 생각하며 자기 혀를 재갈 물리지 아니하고 자기 마음을 속이면 이 사람의 경건은 헛된 것이 되고 만다. 그 누구도 예외가 없다. 신앙생활을 이제 막 시작한 사람이나 오랫동안 믿음으로 살았다고 하는 사람이나 다 마찬가지다. 장로나 목사라고 예외가 있는 것이 아니다. "누구든지"이다. 누구든지 스스로 경건하다 생각하는 일은 참으로 어리석은 생각이며, 자기 혀를 절제하지 못하여 자기의 말을 급하게 함으로써 자기 마음을 속이는 일은 어리석은 행동이며, 이러한 사람의 경건은 헛된 경건이요, 거짓된 경건일 뿐이다.

그러면, 무엇이 참된 경건인가? 그것은 "하나님 아버지 앞에서" 행하는 일이다. 사람에게 보이려고 외식하는 것은 결코 경건이 아니다. 사람은 속일 수 있으나 하나님은 결코 속일 수 없다. 그러나 많은 사람들이 외식함으로써 참된 경건을 이루지 못한다. 사람에게 보이려고 자기의 것을 절제 없이 말을 하며 행한다. 사람에게 보이려고 중언부언하며 외식함으로 기도한다. 사람에게 보이려고 찬양하고, 사람에게 보이려고 예배하고, 구제하고, 종교생활을 하고, 사람에게 보이려고 각자의 삶을 살아간다. 그러나 사람에게 보이려고 행하는 모든 것은 거짓되고, 헛될 뿐이다. 오직 참된 경건은 "하나님 아버지 앞에서" 행하는 데에 있다.

그리고 하나님 앞에서 참된 경건은 말씀을 실천하는 데에 있다. 그것은 먼저 고아와 과부를 그 환난 중에 돌보는 일이다. 이것은 그리스도인의 그리스도인 됨의 열매를 맺는 일이다. 무슨 열매인 가? 사랑의 실천적 열매이다. 주님은 지극히 작은 자 하나에게 한 것이 곧 주님께 한 것이라고 말씀하셨다(마25:40). 이것이 참된 사랑이다. 죄와 허물로 죽었던 우리를 십자가의 대속의 사랑으로 구원하신 주님의 사랑을 따르는 일이다. 여기에 진리에 대한 실천 이 있고 참된 경건이 있다. 참된 경건은 참된 사랑으로 나타난다. 만일, 나에게 말은 많은데 이러한 사랑의 열매가 없다면, 나의 경 건은 헛된 경건일 뿐이다. 하나님 앞에서 십자가의 사랑을 실천하 는 것이 곧 하나님의 의요, 참된 경건이다.

그리고 하나님 앞에서 말씀을 실천함으로써 이루는 두 번째 참 된 경건은 자기를 지켜 세속에 물들지 않는 일이다. 그리스도인은 세상의 흐름을 따르고, 세상의 유행이나 세상의 자랑을 따라가는 존재가 아니다. 그리스도인은 오직 하나님의 말씀을 듣고, 그 말 씀을 실천하며 따라가는 존재이다. 그러나 말세에 가까울수록 사 람들은 세속에 물들어가며, 세속의 방죽에 빠지고 만다. 말세에 그리스도인들조차 하나님을 기뻐하고, 천국을 즐거워하며, 말씀 을 붙들고 살기보다는 세속적 가치를 즐거워하고, 세속적 가치를 자랑하며, 세속의 유행을 즐거워하며 살아간다. 말씀을 붙들고 하나님을 사랑하고 이웃을 사랑하는 경건의 삶보다는 세상에서 주는 유익을 붙들고 세상에서 주는 즐거움을 추구한다. 참된 경건에서 점점 멀어져간다. 소망이 없는 존재가 되어간다.

그러나 하나님은 우리를 포기하지 않으신다. 하나님은 여전히 말씀을 통하여 우리에게 다시 한번 참된 경건을 이룰 기회를 주신다.

(딤후3:1-5) "(1) 너는 이것을 알라 말세에 고통하는 때가 이르러 (2) 사람들이 자기를 사랑하며 돈을 사랑하며 자랑하며 교만하며 비방하며 부모를 거역하며 감사하지 아니하며 거룩하지 아니하며 (3) 무정하며 원통함을 풀지 아니하며 모함하며 절제하지 못하며 사나우며 선한 것을 좋아하지 아니하며 (4) 배신하며 조급하며 자만하며 쾌락을 사랑하기를 하나님 사랑하는 것보다 더하며 (5) 경건의 모양은 있으나 경건의 능력은 부인하니 이 같은 자들에게서 네가 돌아서라."

참된 경건의 사람으로 서가자. 말씀은 속히 듣고 내가 말하는 것과 성내는 일은 더디게 하자. 모든 더러운 것과 넘치는 악을 버리되 악은 모양이라도 버리자. 언제나 말씀을 온유함으로 받고 하나님 앞에서 말씀을 실천하는 그리스도인으로 서가자. 온유함으로 말씀을 받고 말씀에 순종하며 행하는 일은 짧은 안개생명 길에서 하나님이 우리에게 주신 지혜 중의 지혜이다.

안개
생명의
지혜

4

차별하지 말라

약2:1-13

우리는 한순간도 하나님의 은혜 아니면 살 수 없는 존재다. 우리가 여기에 존재하는 것은 우리의 결단과 우리의 의지를 뛰어넘는 하나님의 은혜이다. 우리는 언제나 하나님의 은혜 아래서 겸손히 말하기도 하고 행하기도 해야 한다. 그러나 우리는 때때로 하나님의 은혜가 없어도 살 것처럼 말하기도 하고, 행하기도 한다. 하나님의 은혜보다는 내 힘과 내 지혜로 살고자 한다. 하나님이 베푸시는 은혜를 다 감당하지 못하고, 내 말과 행동에서 죄를 드러내고, 허물을 드러내고 만다. 우리는 이러한 우리의 모습을 솔직하게 주님 앞에 내려놓고 자백하며 용서를 구해야 한다. 영광의 주를 바라보며 하나님 앞에 합당한 자로 서기를 갈망해야 한다. 내 맘대로가 아니라 성령으로 말하고, 성령으로 행해야 한다. 우리 주 예수 그리스도를 믿는 믿음으로 살아야 한다.

사람을 차별하여 대하지 말라

(약2:1) "내 형제들아 영광의 주 곧 우리 주 예수 그리스도
에 대한 믿음을 너희가 가졌으니 사람을 차별하여 대하지
말라."

국회에서는 끊임없이 하나님의 창조질서에 반하는 차별금지법
을 제정하고자 발버둥을 치고 있다. 참으로 악하고 무서운 법이
다. 모두가 망하자는 법이다. 이러한 법이 제정되면 어둠의 질서
가 나라를 흔들게 된다. 남자가 남자와 더불어 부부가 되고, 여자
가 여자와 더불어 부부가 되는 일이며, 심지어 공중화장실에 남녀
구분이 사라지는 사태까지 이르게 되고 말 것이다. 그러한 악한
법이 제정되지 않도록 하나님께 기도하며 이웃에게 알려야 한다.
사실, 차별금지는 하나님의 말씀인 성경이 이미 말씀하고 있다.
그러므로 진리의 말씀에 순종하여 행하면 된다. 이것이 모두를 복
되게 하는 진리이다.

본문은 "사람을 차별하여 대하지 말라"고 말씀한다. 이 말씀은
우리가 사람을 차별하여 대할 수도 있고, 사람을 차별하지 않고
살아갈 수도 있기 때문에 주시는 말씀이다. 그러나 타락한 사람은
그 스스로 다른 사람을 대할 때에 차별하여 대할 수밖에 없다. 부
자와 가난한 자를 차별한다. 신분이나 직업을 보고 차별한다. 학
벌을 보고 차별하고 지역이나 나라를 보고 차별을 한다. 심지어

피부나 외모를 보고 차별을 하고, 또 어떤 이는 나이를 보고 차별하고, 건강을 보고 차별한다.

그렇다면, 왜 사람을 차별하여 대하지 말라고 할까? 그것은 영광의 주 곧 우리 주 예수 그리스도에 대한 믿음을 가졌기 때문이다(1). 믿음을 가졌기 때문에 세상과 달라야 한다는 말씀이다. 세상은 사람을 차별하여 대하더라도 너희는 예수 그리스도를 믿는 믿음을 가졌기 때문에 세상과 달라야 한다는 말씀이다. 너희는 주 예수 그리스도를 믿는 사람들이기 때문에 사람을 결코 차별해서는 안 된다는 말씀이다.

믿음은 거저 값없이 은혜를 받은 일이다. 믿음에는 차별이 없다. 차별하여 대하는 자는 그 믿음이 가짜 믿음이거나, 아직 그 믿음이 작은 믿음에 머물러 있는 자이다.

하나님 나라에는 차별이 없다. 하나님은 그 누구도 차별하지 않으신다. 모두가 다 믿음으로 구원을 받고, 믿음으로 하나님의 자녀가 되었다. 사람의 어떠한 탁월한 능력이나 공로로 된 것이 하나도 없다. 전적인 하나님의 은혜로 된 것이다. 그러므로 성경은 선포한다.

> (행15:9,11) "(9) 믿음으로 그들의 마음을 깨끗이 하사 그들이나 우리나 차별하지 아니하셨느니라... (11) 그러나 우리는 그들이 우리와 동일하게 주 예수의 은혜로 구원받는 줄을 믿노라 하니라."

이 말씀은 유대인 기독교인들 가운데 이방인들이 할례를 행하고 율법을 지켜야만 구원을 받는다고 주장하는 사람들이 있어서 예루살렘총회에서 많은 변론이 있은 후에 베드로가 정리해주는 장면이다.

바울 사도는 그의 여러 서신서에서 차별금지를 말하면서 이렇게 전하고 있다.

> (롬1:16-17) "(16) 내가 복음을 부끄러워하지 아니하노니 이 복음은 모든 믿는 자에게 구원을 주시는 하나님의 능력이 됨이라 먼저는 유대인에게요 그리고 헬라인에게로다 (17) 복음에는 하나님의 의가 나타나서 믿음으로 믿음에 이르게 하나니 기록된바 오직 의인은 믿음으로 말미암아 살리라 함과 같으니라."

> (엡2:8-9) "(8) 너희는 그 은혜에 의하여 믿음으로 말미암아 구원을 받았으니 이것은 너희에게서 난 것이 아니요 하나님의 선물이라 (9) 행위에서 난 것이 아니니 이는 누구든지 자랑하지 못하게 함이라."

> (갈3:28) "너희는 유대인이나 헬라인이나 종이나 자유인이나 남자나 여자나 다 그리스도 예수 안에서 하나이니라."

우리는 전적인 하나님의 은혜에 의하여 믿음으로 말미암아 구원을 받은 하나님의 자녀들이다. 유대인이나 헬라인이나, 종이나 자유인이나, 남자나 여자나, 부자나 가난한 자나, 배운 자나 못 배운 자나 다 그리스도 예수 안에서 하나이다. 그러므로 사람을 차별하여 대하는 것은 진리를 대적하는 일이 된다.

야고보는 사람을 차별하여 대하는 실례로 유대인들이 가난한 자들과 부한 자들을 대하는 태도를 들어 설명하고 있다. 그들의 태도가 어떠한가?

> (약2:2-4) "(2) 만일 너희 회당에 금가락지를 끼고 아름다운 옷을 입은 사람이 들어오고 또 남루한 옷을 입은 가난한 사람이 들어올 때에 (3) 너희가 아름다운 옷을 입은 자를 눈여겨보고 말하되 여기 좋은 자리에 앉으소서 하고 또 가난한 자에게 말하되 너는 거기 서 있든지 내 발등상 아래에 앉으라 하면 (4) 너희끼리 서로 차별하여 악한 생각으로 판단하는 자가 되는 것이 아니냐?"

성경이 기록된 당시의 풍습 중에 귀한 사람은 의자에 앉고, 천한 사람은 의자 아래에 앉는 풍습이 있었다. 그러므로 사람들은 이것이 당연하다고 여기면서 행할 수 있었다. 그러나 그러한 풍습은 진리가 아니다. 잘못된 풍습이다. 특별히, 주 예수 그리스도 안에서 모든 사람은 다 같은 한 형제요 자매요, 한 가족이다. 그러므로 그 누구도 차별하여 대해서는 안 된다. 결코 사람의 겉모습만 보고 판단하고 차별해서는 안 된다.

사람을 차별할 경우 그 결과는 무섭다. 무슨 결과인가? 그것은 죄를 짓는 일이다. 사람을 차별하여 대하는 자는 하나님께 범법자가 된다.

> (약2:9) "만일 너희가 사람을 차별하여 대하면 죄를 짓는 것이니 율법이 너희를 범법자로 정죄하리라."

말씀을 들을지어다

사람을 차별하여 대하지 않기 위해서는 하나님의 말씀을 들어야 한다. 우리의 말과 행동이 자기 자신의 생각과 주장에서 나와서는 안 된다. 하나님의 말씀을 듣고 말씀에 나타난 하나님의 뜻에 따라서 우리의 말과 행동이 나와야 한다. 그러나 많은 사람들이 말씀을 외면한 채, 자기 생각과 자기 주장대로 말을 하고 행동을 한다. 모든 것이 가하나 모든 것이 다 덕을 세우는 것이 아니다. 오직 말씀에 나타난 하나님의 뜻에 따른 말과 행동이 덕을 세우고 좋은 열매를 맺으며 하나님의 영광을 돌리게 된다.

그렇다면, 우리가 들어야 할 말씀은 무엇인가?

(약2:5) "내 사랑하는 형제들아! 들을지어다 하나님이 세상에서 가난한 자를 택하사 믿음에 부요하게 하시고 또 자기를 사랑하는 자들에게 약속하신 나라를 상속으로 받게 하지 아니하셨느냐?"

여기에서 "가난한 자"란 세상적인 판단에서 차별받는 가난한 자를 말한다. 그런데 하나님께서 가난하고 연약하고 자격이 없는 자들을 택하시고 믿음에 부요하게 하셨다. 은혜로 택하시고 하늘의 은사를 주사 하늘의 것으로 부요하게 하셨다. 믿음에 부요하다는 것은 참된 가치를 지닌 부요함이다. 바로, 우리에게 생명을 주신 하나님께서 인정하시는 부요함이다.

세상에 대하여는 비록 가난하지마는 믿음에 부요한 자들에게 하나님은 하나님 나라를 상속받게 하셨다. 세상에서 어떠한 자격을 갖추었거나, 세상에서 어떤 힘이 있거나, 세상에서 가진 부요함으로 하나님 나라를 결코 상속받을 수 없다. 세상에서 그 신분이 어떠하든지, 가난하든지 부하든지, 병들었든지 건강하든지, 배웠든지 배우지 못했든지 그 모든 것을 뛰어넘어 오직 하나님이 차별하지 아니하시고 전적인 은혜로 택하사 믿음에 부요하게 하시고 하나님 나라를 상속받게 하셨다.

하나님은 그 어느 누구도 차별하지 않으신다. 우리의 모습, 우리의 형편이나 처지를 보고 결코 차별하지 않으신다. 오히려 자격이 없는 가난하고 미약한 우리를 은혜로 택하여 부요하게 하셨다. 가난한 우리를 택하사 하나님의 자녀 삼아주셔서 영원히 부요한 자가 되게 하셨다. 그러므로 우리는 하나님의 말씀을 듣고, 그 말씀을 믿고, 세상에서 가난하고 헐벗고 연약한 자들을 차별하여 대하지 말아야 한다.

최고의 법을 지키라

> (약2:8) "너희가 만일 성경에 기록된 대로 '네 이웃 사랑하기를 네 몸과 같이 하라' 하신 최고의 법을 지키면 잘하는 것이거니와."

그리스도인의 실제적인 행동지침으로 최고의 법을 지키라고 말씀한다. "네 이웃 사랑하기를 네 몸과 같이 하라"는 말씀이다 (눅10:25-37). 이것은 만왕의 왕이신 하나님께서 우리의 행복을 위해서 우리에게 주시는 최고의 법이다(신10:13). 그런데 만일, 우리가 사람을 차별하여 대한다면 우리는 최고의 법을 범하는 죄인이 되는 것이다. 그러나 우리가 서로 차별하지 않고 이웃을 자신의 몸과 같이 사랑하면 우리 가운데 하늘의 부요함이 넘치게 된다. 천국이 임한다. 이 최고의 법을 지키는 자들을 볼 때에 하나님이 기뻐하시고 하나님이 즐거워하신다. 그리고 하나님이 차별하지 않고 이웃을 사랑하는 자들에게 세상이 알 수 없고 세상이 빼앗아 갈 수 없는 하늘의 부요함으로 갚아주신다.

그러나 최고의 법을 지키지 않고 사람을 차별하여 대한다면 그것은 하나님께 불순종하는 죄를 범하는 것이고 결국에는 범법자로 정죄를 받게 된다.

(약2:9-10) "(9) 만일 너희가 사람을 차별하여 대하면 죄를 짓는 것이니 율법이 너희를 범법자로 정죄하리라 (10) 누구든지 온 율법을 지키다가 그 하나를 범하면 모두 범한 자가 되나니."

율법은 모든 것을 다 지킬 것을 요구한다. 율법에는 해야 할 것이 있고, 하지 말아야 할 것이 있다. 그런데 그 하나라도 지키지 않으면 반드시 심판을 받아 정죄를 받는다. 사람을 차별하는 일이 작은 일이 아니라는 말씀이다. 그러므로 우리는 어떻게 행해야 할까?

자유의 율법대로 심판받을 자처럼... 하라

(약2:12-13) "(12) 너희는 자유의 율법대로 심판받을 자처럼 말도 하고 행하기도 하라 (13) 긍휼을 행하지 아니하

는 자에게 긍휼 없는 심판이 있으리라 긍휼은 심판을 이기고 자랑하느니라."

그리스도인의 행동기준을 말씀한다. 무슨 말씀인가? 그것은 심판받을 자처럼 말도 하고, 행하기도 하라는 것이다. 자신이 심판의 대상이 된다고 생각할 때에 말과 행동을 조심하게 된다. 나아가 자신이 심판의 대상이 될 때에 남의 잘못을 이해하기가 쉽고, 또 다른 사람의 허물을 용서하기가 쉽다.

그런데 심판의 기준이 있다. 무엇이 심판의 기준인가? 그것은 자유의 율법이다. 우리 주 예수 그리스도께서 완성하신 법이다(약 1:25; 요8:32,36). 예수님은 대속의 십자가와 생명의 부활로 죄인인 우리를 영원히 죄와 사망의 법에서 완전히 해방시켜 주셨다(롬8:1-2). 은혜와 긍휼을 베풀어주신 주님 때문에 우리는 구원을 받고, 하나님의 자녀가 되어 영원히 심판에서 자유롭게 되었다. 이것이 복음이다. 우리는 복음을 믿는 자들이다.

복음을 믿는 자들은 하나님의 은혜와 긍휼하심을 힘입고 구원을 받고 자유롭게 된 것을 기억하고 기쁨과 감사함으로 하나님의 율법인 말씀을 지키는 자들이다. 복음은 결코 거짓이 아니다. 복음은 억지로 행하는 가식이 결코 아니다. 우리가 복음을 믿는다는 것은 우리를 차별하여 대하지 않으시는 하나님의 사랑과 은혜와 긍휼에 감사하여 순종함으로 행하는 진실이다. 우리는 진리이신 주님을 따라 말도 하고 행하기도 해야 한다. 우리는 주님을 따라 긍휼히 여기며, 사랑하며, 차별하지 말아야 한다. 우리는 복음을 따라서 살아가는 그리스도인이다. 그러므로 우리는 말씀에 귀를 기울이고 순종해야 마땅하다.

> (약2:1) "내 형제들아! 영광의 주 곧 우리 주 예수 그리스도에 대한 믿음을 너희가 가졌으니 사람을 차별하여 대하지 말라."

우리가 심판받을 자처럼 행하되, 주 예수 그리스도의 긍휼 때문에 내가 심판을 이기게 된 것을 감사하면서 사람을 차별하여 대하지 말고, 이웃을 내 몸처럼 아끼고 사랑하라는 말씀이다.

주님의 은혜와 긍휼을 따라 심판받을 우리다. 긍휼은 반드시 심판을 이기고 자랑한다. 주님의 긍휼을 입은 우리는 반드시 심판을 이긴다. 주님의 긍휼로 인하여 우리에게는 결코 정죄함이 없다. 그러면 우리가 내 맘대로 행해도 될까? 결코 그렇지 않다. 오히려 여기에 더 높은 수준의 행위가 요구된다. 우리를 긍휼히 여기시고 목숨까지 바쳐 우리를 구원하신 주 예수 그리스도 안에서 말하기도 하고, 행하기도 해야 한다. 죄인이요, 원수였던 우리를 차별하지 않으시고 목숨까지 바쳐 대접해주신 주님 안에서 모든 차별을 물리쳐야 한다. 주님의 긍휼 아래서 겸손히 긍휼히 여기고, 주님의 은혜 아래서 겸손히 은혜를 베풀어야 한다.

우리에게 긍휼을 베풀어주신 그리스도를 믿음으로 안개생명의 땅에서 긍휼을 베푸는 자는 영원한 하늘에서 긍휼을 받는다. 안개생명의 땅에서 차별하지 않는 자는 영원한 하늘에서 차별받지 않는다. 짧은 안개생명의 땅에서 사랑하는 자는 영원히 하늘에서 끊임없는 사랑을 받는다.

우리는 우리를 긍휼히 여기시고 은혜를 베풀어 영원히 부요하게 하신 주님 앞에서 우리 자신에게 물어야 한다. ① 나는 생활 속에서 사람을 차별하여 대한 일은 없었는가? ② 나는 이웃을 네 몸과 같이 사랑하라는 최고의 법을 지키고 있는가? ③ 나는 긍휼을 베푸는 자인가? ④ 나는 자유의 율법대로 심판받을 자처럼 말과 행동을 하는가?

5

온전한 믿음을 취하라

약2:14-26

초대교회 성도들 가운데 아직 혼란스러웠던 것 중의 하나는 믿음으로만 구원을 받는가, 아니면 구약시대처럼 할례를 행하고 율법을 지켜야 구원을 받는가의 문제였다. 그래서 그 문제를 해결하기 위하여 초대교회총회가 예루살렘에서 열렸다. 그 기사가 사도행전 15장에 나온다. 사도와 장로들이 모인 총회에서 맺은 결론은 유대인이나 이방인이나 누구든지 차별이 없이 은혜의 믿음으로만 구원을 받는다는 것이었다. 누구든지 하나님의 독생자 예수 그리스도를 믿음으로 구원을 받고 영생을 얻는다(행15:9,11; 16:31).

　그런데 사람들의 오해가 문제였다. 행위로 구원을 받는 것이 아니라 은혜의 믿음으로 구원을 받는다고 하니까, 믿는다고 하는 사람들 가운데서 행위를 무시해 버리는 일이 발생한 것이다. 믿는다고 하면서 믿는 사람으로서 행동이 나타나지를 않는다. 불신자들이나 다를 바가 없다. 믿음의 삶이 없다. 이러한 상황에서 예루살렘총회에서 총회장이었던 야고보가 당시의 성도들에게 전하는 말씀이 본문 말씀이다. 물론 현대를 살아가는 우리에게도 동일하게 주시는 말씀이다.

믿음은 반드시 삶에서 나타나 보여야 한다. 신앙은 관념적인 것에 머물지 않는다. 왜냐하면 신앙은 삶 자체이기 때문이다. 자신의 내적인 고백으로만 믿음을 지키는 것이 아니다. 믿음이 삶에서 행동으로 나타날 때에 그 믿음이 온전한 믿음으로 증명이 되는 것이다. 온전한 믿음이다. 겉으로 보면, 야고보서는 행동을 강조하는 것 같지만 사실은 행동보다 온전한 믿음에 그 강조점이 있다. 믿음이 온전할 때에 성도 개인의 삶이 하나님의 능력을 힘입을 뿐만 아니라, 그가 속한 공동체에도 큰 생명력을 불어넣게 된다. 그리하여 어두운 세상을 밝히는 빛의 사명을 넉넉히 감당하게 되는 것이다. 그렇다면, 무엇이 온전한 믿음일까?

행함으로 믿음이 온전하게 된다

> (약2:14) "내 형제들아 만일 사람이 믿음이 있노라 하고 행함이 없으면 무슨 유익이 있으리요. 그 믿음이 능히 자기를 구원하겠느냐."

구원에 이르는 믿음을 말씀하고 있다. 그런데 그 믿음이 행함으로 나타나야 진짜라는 말씀이다. 여기에서 행함이란 말씀에 순종하는 것을 말한다. 믿음은 있다고 하는데, 만일 그에게 말씀에 대한 순종이 없다면 그 믿음은 아무 유익이 없다. 성경은 이렇게 말씀한다.

> (롬10:10) "사람이 마음으로 믿어 의에 이르고 입으로 시인하여 구원에 이르느니라."

> (롬10:13) "누구든지 주의 이름을 부르는 자는 구원을 받으리라."

내적인 신앙은 외적으로 나타나게 되어 있다. 내적으로 가진 믿음을 입으로 시인하며 고백할 때에 구원에 이른다. 믿음을 입으로 시인하며 고백한다는 것은 그 믿음을 외적으로 공개하는 것이다. 결코 은밀하게 믿는 내적인 신앙에 멈추는 것이 아니다. 외적으로 그 믿음을 공개할 때에 그 믿음의 능력이 나타난다. 하나님 앞에서 가진 믿음은 사람들 앞에서 공개하며 나타내야 한다.

"누구든지 주의 이름을 부르는 자는 구원을 받으리라"는 말씀은 단순한 말씀이 아니다. 초대교회 당시에 그 믿음을 공개적으로 나타내며 주의 이름을 불렀던 자마다 그가 속한 공동체에서 쫓겨나야 했다. 가족들조차도 그를 배척했다. 심지어 생명의 위협을 받고 고난을 당해야 했다. 예수님은 이렇게 말씀하신다.

(마10:32-33) "(32) 누구든지 사람 앞에서 나를 시인하면 나도 하늘에 계신 내 아버지 앞에서 그를 시인할 것이요 (33) 누구든지 사람 앞에서 나를 부인하면 나도 하늘에 계신 내 아버지 앞에서 그를 부인하리라."

내적인 믿음은 외적인 행동으로 나타나야 온전해진다. 야고보는 우리에게 이렇게 권면한다.

(약2:14) "내 형제들아 만일 사람이 믿음이 있노라 하고 행함이 없으면 무슨 유익이 있으리요 그 믿음이 능히 자기를 구원하겠느냐."

(약2:22) "네가 보거니와 믿음이 그의 행함과 함께 일하고 행함으로 믿음이 온전하게 되었느니라."

눈으로 볼 수 없는 믿음은 눈으로 볼 수 있는 행위로 증명되어 나타난다. 그러나 여기에서 오해가 있어서는 안 된다. 행위만 좋으면 믿음도 좋다는 얘기가 결코 아니다. 여기에서 행위는 믿음에서 나오는 열매를 말씀한다. 좋은 나무가 아름다운 열매를 맺듯이 좋은 믿음이 아름다운 행위로 나타난다. 산상수훈에서 예수님은 이렇게 말씀하신다.

(마7:17-18) "(17) 이와 같이 좋은 나무마다 아름다운 열

매를 맺고 못된 나무가 나쁜 열매를 맺나니 (18) 좋은 나
무가 나쁜 열매를 맺을 수 없고 못된 나무가 아름다운 열
매를 맺을 수 없느니라."

(마7:21) "나더러 주여 주여 하는 자마다 다 천국에 들어갈
것이 아니요 다만 하늘에 계신 내 아버지의 뜻대로 행하는
자라야 들어가리라."

(마7:24) "그러므로 누구든지 나의 이 말을 듣고 행하는 자
는 그 집을 반석 위에 지은 지혜로운 사람 같으리니."

(마7:26) "나의 이 말을 듣고 행하지 아니하는 자는 그 집
을 모래 위에 지은 어리석은 사람 같으리니."

여기에서 "하늘에 계신 ... 아버지의 뜻대로 행하는 자"와 주님
의 말씀을 "듣고 행하는 자"란 궁극적으로 예수님을 그리스도로
믿고 그 믿음으로 사는 것을 말씀한다. 구원에 이르는 온전한 믿
음이 삶에서 행함으로 나타난다. 믿음이란 가만히 정체된 개념이
아니다. 믿음이란 하나님의 사랑과 은혜를 받아들이고, 의지를 가
지고, 그 사랑에 반응하여 행동하는 것이다. 믿음에는 세상 그 무
엇과 비교할 수 없는 위대함이 있다. 믿음은 우리를 죄와 사망에
서 구원하여 영생을 얻게 한다. 믿음은 하나님의 자녀가 되는 권
세를 얻게 하고, 하나님 나라를 상속받게 한다. 믿음은 우리로 눈
에 보이는 대로 살아가지 않고, 눈에 보이지 않는 천국을 바라보

게 하며 세상을 넉넉히 이기게 하는 능력이 있다. 믿음은 세상 그 무엇과 바꿀 수 없는 보배이다. 이 믿음의 가치를 아는 사람은 내적인 지식으로 그치는 것이 아니라 외적인 삶의 행동으로 그 믿음 가운데서 살아가는 것이다. 믿음이란 하나님의 독생자 예수 그리스도를 나의 주, 나의 왕, 나의 하나님으로 알고 그 주님을 내 인생의 온전한 주인으로 영접하며 그 주님을 따라서 순종함으로써 살아가는 삶이다. 믿음이란 하나님의 아들 예수 그리스도를 믿는 믿음 안에서 사는 삶이다(갈2:20). 예수님 안에서 산다고 하는 자는 예수님이 행하시는 대로 자기도 행하며 살아가는 것이 마땅하다(요일2:6). 믿음은 반드시 하나님의 뜻을 따르는 순종의 행위를 수반할 때에 온전해진다.

사랑으로 믿음이 온전하게 된다

> (약2:15-16) "(15) 만일 형제나 자매가 헐벗고 일용할 양식이 없는데 (16) 너희 중에 누구든지 그에게 이르되 평안히 가라, 덥게 하라, 배부르게 하라 하며 그 몸에 쓸 것을 주지 아니하면 무슨 유익이 있으리요."

야고보는 행함에 대한 구체적인 예를 들고 있다. 헐벗고 일용할 양식이 없는 사람은 다름이 아닌 "형제나 자매"이다. 형제나 자매라고 칭하는 것은 바로, 한 가족이라는 말씀이다. 가족이 헐벗고 있는데, 어찌 가만히 있을 수 있을까? 세상에서 가족은 따뜻한 보금자리이다. 정상적인 가족이라면 서로가 잘 되기를 바란다. 서로를 위하며 희생을 아끼지 않는다. 가족에게는 허물이 드러나도 너그럽다. 가족은 쉽게 용서한다. 가족에게 주는 것은 아깝지가 않다. 정상적인 가족이라면 서로 아끼며 사랑하며 기꺼이 희생도 감수한다.

야고보는 행함에 대한 구체적인 예를 들면서 우리가 예수님 안에서 한 가족인 것을 믿는다면 형제자매를 향한 사랑의 행동으로 나타나야 한다고 강조하고 있다. 그리스도인에게 구체적인 사랑의 행동이 없으면 아무 유익이 없다(약2:16). 산을 옮길 만한 모든 믿음이 있을지라도 사랑이 없으면 아무것도 아니다(고전13:2). 사랑으로 나타나지 않으면 그 믿음은 가짜다(요일4:7,8,20). 요한 사도는 이렇게 전하고 있다.

> (요일5:1-2) "(1) 예수께서 그리스도이심을 믿는 자마다 하나님께로부터 난 자니 또한 낳으신 이를 사랑하는 자마다 그에게서 난 자를 사랑하느니라 (2) 우리가 하나님을 사랑하고 그의 계명들을 지킬 때에 이로써 우리가 하나님의 자녀를 사랑하는 줄을 아느니라."

믿음과 사랑과 소망은 항상 함께 한다(고전13:13). 서로 뗄 수가 없는 관계다. 믿음이 진실하기 위해서는 반드시 사랑으로 나타나야 한다. 우리가 그리스도 안에서 한 형제요, 자매요, 한 가족인 것을 믿는다면 가족들을 향한 사랑이 나타나야 그 믿음이 진실로 온전한 믿음이다.

살아있는 믿음이 온전한 믿음이다

(약2:17) "이와 같이 행함이 없는 믿음은 그 자체가 죽은 것이라."

행함이 없는 믿음은 그 자체가 죽은 것이다. 행함이 없는 믿음은 생명이 없다는 말씀이다. 행함이 없는 믿음은 아무런 가치가 없다.

(약2:26) "영혼 없는 몸이 죽은 것같이 행함이 없는 믿음은 죽은 것이니라."

영혼 없는 몸은 죽은 송장이요, 시체다. 마찬가지로 행함이 없는 믿음은 죽은 송장과 같다. 행함이 없는 믿음은 송장처럼 썩고 냄새나고 악취를 풍긴다. 그래서 공동체를 고통스럽게 한다. 행함이 없는 믿음은 전혀 생명이 없다. 그래서 삶으로 나타날 수가 없다. 행함이 없는 믿음은 죽은 믿음이다. 그러므로 아무런 유익이 없다.

야고보는 믿음을 행동으로 나타내고, 사랑으로 나타낸 살아있는 믿음의 소유자로 믿음의 조상 아브라함과 기생 라합을 예로 들어 설명하고 있다. 하나님은 아브라함이 하나님을 믿을 때에 그를 의롭다고 여기셨다(창15:6; 약2:23). 그러나 아브라함의 믿음이 거기에 머물러 정체된 것이 아니었다. 그는 나이 75세 때에 하나님으로부터 자손에 대한 약속의 말씀을 받았다(창12:1-4; 13:15-16; 15:4-5). 아브라함은 그 하나님의 약속의 말씀을 믿음으로 받았다. 그리고 아브라함은 바랄 수 없는 중에 하나님을 신뢰하며 믿음으로 그의 고향과 친척과 아버지의 집을 떠나서 하나님의 말씀을 따라갔다. 아들을 얻기까지 긴 세월을 인내하며 기다렸다. 그뿐만 아니라 백 세에 얻은 사랑하는 독자 이삭을 죽여서 번제로 바치라는 하나님의 말씀에 의심 없이 즉각 순종했다(창22장). 하나님이 다시 살려주실 줄로 믿고 믿음으로 순종하며 행했다(히11:19). 행함으로 온전한 믿음을 보인 아브라함이다. 아브라함은 죽은 믿음이 아니라 살아있는 믿음으로 하나님의 벗이라 칭함을 받았다. 그만큼 행동하는 믿음으로 하나님과 동행하는 삶으로 하나님을 기쁘시게 했던 믿음의 사람이었다(히11:6).

기생 라합도 행함으로 살아있는 믿음을 나타냈다.

(약2:25) "또 이와 같이 기생 라합이 사자들을 접대하여 다른 길로 나가게 할 때에 행함으로 의롭다 하심을 받은 것이 아니냐?"

라합은 기생이다(수2:1). 또한 그녀는 이방 여인이다. 그럼에도 불구하고 그녀가 상천하지의 유일하신 하나님을 믿는 믿음을 고백하고, 하나님의 백성인 정탐꾼 두 사람을 믿음으로 선대하였을 때에 그녀와 그녀의 가족이 구원을 받았다. 믿음을 고백할 뿐만 아니라, 그 믿음을 생명을 거는 사랑의 행동으로 나타내었던 라합이다.

믿음은 행함으로 드러나고 나타날 때에 온전해진다. 그렇지 못하면 죽은 믿음이다. 죽은 믿음으로는 아무런 유익이 없다. 말씀에 순종하여 사랑의 행동으로 나타날 때에 그 믿음이 온전하게 된다. 여기에 구원이 있고, 여기에 하나님과 동행하는 행복이 있다.

우리는 하나님 아버지의 뜻에 100 퍼센트 순종하여 고난의 십자가에서 죽음으로써 우리에 대한 사랑을 확증하신 우리 주 예수 그리스도를 믿는 그리스도인이다. 우리를 사랑하므로 앞에 있는 하나님 보좌 우편에 앉을 기쁨을 위하여 십자가를 참으사 부끄러움을 개의치 아니하시고 죽기까지 행함으로 우리에게 온전한 믿음을 보여주신 믿음의 주요 또 온전하게 하시는 이인 주 예수님을 바라보자(히12:2). 안개생명 길에서 예수님을 따라 사랑의 행함으로 살아있고, 온전한 믿음을 나타내는 지혜의 삶을 살아가자.

안개
생명의
지혜

6

언어생활에
지혜자가 되라

약3:1-12

선생이 되지 말라

(약3:1) "내 형제들아! 너희는 선생 된 우리가 더 큰 심판을 받을 줄 알고 선생이 많이 되지 말라."

야고보는 믿음의 사람들에게 선생이 되지 말라고 권면한다. 왜냐하면 선생이 된 자가 더 큰 심판을 받기 때문이다. 선생에게는 더 큰 책임이 있다. 그럼에도 불구하고 사람들은 자신도 모르게 선생의 자리에 앉고 만다.

여기에서 선생이란 참된 가르침으로 유익하게 하는 선생님을 가리키는 것이 아니다. 본문에서 지적하는 선생이란 스스로 교만하여 모든 사람 위에 앉아서 자기 생각과 자기 기준으로 타인을 비난하고 판단하고 심판하는 자를 가리킨다. 이러한 사람은 마치 자신은 온전한 사람이고 다른 사람은 온전하지 못하다고 여기면서 상대를 가르치려고 한다. 겸손히 하나님의 말씀을 듣기보다는 자신의 말을 하는 데에 빠르다(1:19). 스스로 경건하다고 생각하여 자기 혀에 재갈을 물리지 않는다(1:26). 이러한 사람은 자기도 모르게 마음속에 독한 시기심이 가득하여 자기를 자랑하며 진리를 거슬러 거짓말까지 한다(3:14). 하나님이 공급해주시는 지혜로 하지 않고 땅엣 것, 정욕의 것, 귀신의 것으로 공동체를 어지럽힌다(3:15). 시기와 다툼으로 혼란과 모든 악한 일들을 일으켜서 공동체를 흔들어버린다(3:16). 이러한 사람은 남을 비난하고 판단하고 정죄하는 일에는 빠르고, 정작 자기 자신은 돌아보지를 못한다.

이러한 맥락에서 야고보는 강한 어투로 "선생이 되지 말라"고 강력하게 권고한다.

언어를 통제하라

남을 가르치는 선생은 말을 많이 한다. 그런데 문제는 죄를 품고 살아가는 사람은 누구나 온전하지 못하여 실수를 한다는 사실이다.

(약3:2-3) "(2) 우리가 다 실수가 많으니 만일 말에 실수가

없는 자라면 곧 온전한 사람이라 능히 온몸도 굴레 씌우리라 (3) 우리가 말들의 입에 재갈 물리는 것은 우리에게 순종하게 하려고 그 온몸은 제어하는 것이라."

누가 온전한 사람일까? 말에 실수가 없는 사람이 온전한 사람이다(2절). 그러나 말에 실수가 없는 사람이 하나도 없다. 온전한 사람이 하나도 없다. 오늘 나도 말실수를 할 수 있는 온전하지 못한 사람이다. 우리가 다 말에 실수가 많은 사람이다. 우리는 이것을 인정하고 먼저 말씀을 들어야 한다.

본문은 스스로 언어생활에서 굴레를 씌우고, 재갈을 물려야 한다고 말씀한다(2-3). 허물지고 범죄하고 어리석은 실수를 하지 않도록 언어생활을 통제해야 한다는 말씀이다. '굴레'란 재갈과 머리마구와 고삐 등으로 이루어진다. '재갈'은 달리는 말의 입속에 끼워 넣는 가로 쇠막대이며 머리마구로 고정을 시킨다. 굴레를 씌우고 재갈을 물려 달리는 말을 통제할 때에 말이 주인의 뜻대로 달리게 된다. 만일 '굴레'와 '재갈'로 통제하지 않으면 큰 낭패를 볼 수 있다. 굴레를 씌우고 재갈을 물리지 않으면 달리고, 정지하고, 방향을 전환해야 할 때에 통제할 수가 없다. 마찬가지로, 언어생활에서 사람의 입에 굴레를 씌우고, 재갈을 물리며, 고삐를 당기어 스스로를 제어하는 일이 필요하다. 그렇지 않으면 누구나 실수할 수 있다. 실수할 수 있는 우리의 입술을 잘 통제해 나갈 때에

그리스도인으로서 온전한 사람으로 서게 된다. 그 누구도 예외가
될 수 없다.

> (약1:26) "누구든지 스스로 경건하다 생각하며 자기 혀를
> 재갈 물리지 아니하고 자기 마음을 속이면 이 사람의 경건
> 은 헛것이라."

우리의 입술에 말씀의 굴레를 씌우고, 말씀의 재갈을 물려야 한
다. 하나님의 말씀으로 통제받지 않는 순간 사람은 타락한 심성에
서 나오는 말을 하게 된다. 말씀과 성령으로 통제를 받을 때에 하
나님의 사람으로 온전히 서게 된다. 말을 할 때마다 말씀이 기
억되고 성령님께 순종하는 자가 온전한 하나님의 사람이다.

언어의 영향력을 기억하라

> (약3:4-5) "(4) 또 배를 보라 그렇게 크고 광풍에 밀려가는
> 것들을 지극히 작은 키로써 사공의 뜻대로 운행하나니 (5)
> 이와 같이 혀도 작은 지체로되 큰 것을 자랑하도다 보라
> 얼마나 작은 불이 얼마나 많은 나무를 태우는가?"

바다에서 큰 광풍을 뚫고 나가는 배의 "키"와 사람의 "혀"를 비

교하여 설명하고 있다. 크고 큰 광풍에 밀려 요동치는 배라 할지라도 사공의 뜻에 따라 그 배가 움직인다. 그런데 그 큰 배가 움직이는 데에는 다른 것이 아닌 아주 작은 키 때문이다. 작은 키가 있기 때문에 사공의 뜻대로 배를 운행할 수가 있다. 아무리 훌륭한 사공이라 할지라도 키가 없으면 배를 움직일 수가 없다. 광풍에 거슬려 배를 전진시킬 수도 없다. 그런데 사람에게도 인생을 항해해 나아갈 때에 작은 키가 있다는 말씀이다. 그것이 무엇인가? 그것은 바로 혀라는 말씀이다. 혀도 작지만 큰 것을 자랑한다.

그렇다면, "큰 것을 자랑한다"는 말은 무슨 의미일까? 이것은 웅변의 위대함을 지적하는 말이다. 말 한마디로 천 양 빚을 갚는다는 말이 있다. 말의 영향력이 크다는 사실이다. 좋은 말은 사람들의 괴로움과 고통을 덜어주고, 잘못된 부분에 대해서는 각성시키며, 사람들을 선한 곳으로 유도할 수 있는 능력이 있다. 그러나 악한 말은 작은 불처럼, 작게 시작하지만 엄청나게 파괴적인 힘이 있어서 모든 좋은 것들을 하루아침에 다 태워버리기도 한다. 말 한마디 잘못함으로 인하여 지금까지 쌓아왔던 모든 공력이 하루아침에 잿더미가 되어버린다.

우리는 말을 할 때에 큰 배를 움직이는 키처럼, 큰 것을 자랑하는 사람이 되어야 한다. 말을 할 때에 선하게 사용해야 한다. 상대를 이해하고 사랑을 심어주는 말을 해야 한다. 상대가 당하는 슬픔과 고통을 말로 위로하고 치유할 수 있어야 한다. 또한 기쁜 일이 있을 때에는 즐거운 마음으로 감사의 말, 축하의 말을 해줄 수 있어야 한다.

혀는 곧 불이요, 불의의 세계라 했다(6,8). 이것은 무엇을 의미할까? 혀는 작은 것이지마는 너무나 엄청난 파괴력을 지니고 있다는 사실이다. 혀의 잘못된 악영향에 대해서 말씀하고 있다. 혀를 불에 비유하고 있다. 불은 순식간에 모든 것을 태워버린다. 불과 같은 혀는 사람의 전인격을 더럽히고, 전 생애를 불살라버리는 엄청난 파괴력을 지니고 있다. 많이 지난 일이지만 아들인 자신을 다른 자녀들과 비교하던 부모에게 상처를 받아 부모를 잔인하게 살해했던 청년의 일이 기억난다. 혀는 곧 불이요, 불의의 세계이다(6,8). 학업성적으로 자신을 평가하며 압박하던 아버지로 인하여 아들이 스스로 자신의 생을 마감해버린 일은 많은 세월이 흘렀음에도 내 눈앞에 선하다. 가슴이 찢어지는 고통을 안고 장례를 치르던 그 아버지의 때늦은 침묵이 지금도 내 가슴에 남아 있다. 혀라는 녀석은 때때로 무엇이 중요한 가치가 있는지를 모르고 거침없이 달릴 때가 있다.

문제는 혀를 사람의 힘으로 길들일 수가 없는 데에 있다. 그래서 아무도 장담할 수가 없다. 사람의 혀에는 쉬지 아니하는 악과 독이 가득하다. 우리는 이것을 기억하고 언어생활에서 말씀의 굴레를 씌우고, 말씀의 재갈을 물려야 한다.

> (약3:6-8) "(6) 혀는 곧 불이요 불의의 세계라 혀는 우리 지체 중에서 온몸을 더럽히고 삶의 수레바퀴를 불사르나니 그 사르는 것이 지옥 불에서 나느니라 (7) 여러 종류의 짐승과 새와 벌레와 바다의 생물은 다 사람이 길들일 수 있고 길들여왔거니와 (8) 혀는 능히 길들일 사람이 없나니 쉬지 아니하는 악이요 죽이는 독이 가득한 것이라."

혀의 파괴적인 힘을 알고, 말을 해야 한다. 긍정적이든 부정적이든 언어의 영향력은 상상을 초월한다. 그러므로 우리는 언어생활에서 나의 연약함을 인정하고 항상 주님께 그 지혜를 구해야 한다. 택한 백성을 살리시려고 온갖 모욕과 수치와 고통의 십자가 앞에서 침묵하시며, 택한 백성의 죄 짐을 지고, 십자가의 골고다의 언덕길을 오르신 주님께 지혜를 구하며 주님을 따라가야 한다. 나의 옛 자아가 주님의 십자가에 함께 못 박혀야 한다. 그리고 주 안에서 새롭게 창조된 피조물로 겸손히 주님을 따를 때에 악과 독이 혀에서 사라지게 된다.

축복의 말을 사용하라

(약3:9-12) "(9) 이것으로 우리가 주 아버지를 찬송하고 또 이것으로 하나님의 형상대로 지음을 받은 사람을 저주 하나니 (10) 한 입에서 찬송과 저주가 나오는도다 내 형제 들아! 이것이 마땅하지 아니하니라 (11) 샘이 한 구멍으로 어찌 단물과 쓴물을 내겠느냐 (12) 내 형제들아 어찌 무화 과나무가 감람 열매를, 포도나무가 무화과를 맺겠느냐 이 와 같이 짠물이 단물을 내지 못하느니라."

우리 입에서 나오는 찬송의 대상은 누구이고, 저주의 대상은 누구인가?(9,10) 찬송의 대상은 주 하나님 아버지이시다. 그리고 저주의 대상은 하나님의 형상대로 지음을 받은 사람이다. 그런데 사실은 사람이 하나님의 형상을 입은 존재라는 의미에서 찬송과 저주의 대상이 같은 대상이다. 하나님의 형상대로 지음 받은 사람을 저주하는 것은, 바로 그 사람을 지으신 하나님을 모독하는 것이다. 사도행전 9장에서 바울을 만난 예수님은 이렇게 말씀하셨다. "사울아! 사울아! 네가 어찌하여 나를 박해하느냐?" 실제로는 사울이 주님을 박해한 적이 없다. 그러나 주님은 사울이 주님을 박해한다고 말씀하신다. 왜 그럴까? 그것은 사울이 주 예수님을 믿는 자들을 박해하고 있기 때문이다. 마찬가지로, 본문의 말씀도 하나님의 형상대로 지음 받은 사람을 저주하는 것은 하나님께 대하여 그렇게 한 것이나 다름이 없다는 말씀이다. 그러므로 하나님을 찬송하는 그리스도인들이 형제에 대하여 저주하는 것은 마땅하지 않다는 말씀이다. 그러므로 혀에 말씀의 굴레를 씌우고 말씀의 재갈을 물리며 모든 사람을 대할 때에 사람에게 하듯 하지 말고 주님께 하듯 해야 한다(엡6:7).

우리가 결코 한 입으로 찬송과 저주를 할 수 없다. 그 이유는 무엇인가?(11,12)

> (약3:11-12) "(11) 샘이 한 구멍으로 어찌 단물과 쓴물을 내겠느냐 (12) 내 형제들아 어찌 무화과나무가 감람 열매를, 포도나무가 무화과를 맺겠느냐 이와 같이 짠물이 단물을 내지 못하느니라."

저주 속에서 진정한 찬송이 나올 수가 없다. 하나님이 우리에게 주신 입술을 통하여 늘 항상 하나님을 찬양해야 한다. 그리고 하나님을 찬양하는 사람이라면, 하나님의 형상을 입은 사람들을 향하여 축복할지언정, 결코 저주해서는 안 된다. 하나님을 찬양하는 사람이 하나님의 형상을 입은 사람을 저주하는 것은 단물과 쓴물이 함께 나오는 샘과 같다. 마땅히 하나님을 찬양하는 사람은 그 마음을 가지고, 하나님의 형상을 입고, 예수 그리스도의 구속의 은혜로 죄 씻음을 받아 같은 하나님 아버지의 자녀가 된 자로서 서로를 위하는 말, 격려의 말, 축복의 말, 사랑의 말, 살리는 말을 하면서 살아야 한다. 그리스도인으로서 언어생활에 성공해야 된다. 종교개혁자 장 칼뱅은 하나님을 경외하는 자들이 언어생활에서 성공해야 예배생활에 성공할 수 있다고 했다. 언어생활에서 성공해야 신앙생활에 성공할 수 있으며, 신앙생활이 성공해야 인생이 성공하는 것이다.

그러므로 믿음으로 사는 그리스도인은 언어생활에서 실수를 줄여야 한다. 언어생활에 지혜자가 되어야 한다. 내가 하는 말이 지혜가 있고 온전하기 위해서는 하나님의 말씀으로 통제를 받고, 성령님께 통제를 받아야 한다. 말씀과 성령의 통제 속에서 나의 입술로 하나님을 찬양하고 형제를 사랑하고 축복하는 말을 함으로써 믿는 자에게 임하는 천국을 누리게 된다. 우리는 주님의 말씀에 귀를 기울이고 말씀이 주는 지혜를 붙잡아야 한다.

(민14:28) "그들에게 이르기를 여호와의 말씀에 내 삶을 두고 맹세하노라 너희 말이 내 귀에 들린 대로 내가 너희에게 행하리니."

7

참된 지혜를 보이라

약3:13-18

(약3:13) "너희 중에 지혜와 총명이 있는 자가 누구냐? 그
는 선행으로 말미암아 지혜의 온유함으로 그 행함을 보일
지니라."

지혜가 있는 자라면 반드시 그 지혜를 나타내 보여야 한다고
말씀한다. 그런데 문제가 있다. 문제는 참된 지혜가 있는가 하면,
또한 거짓된 지혜가 있어서 사람을 속이는 일이 있기 때문이다.

거짓 지혜

(약3:14-16) "(14) 그러나 너희 마음속에 독한 시기와 다
툼이 있으면 자랑하지 말라 진리를 거슬러 거짓말하지 말
라 (15) 이러한 지혜는 위로부터 내려온 것이 아니요 땅
위의 것이요 정욕의 것이요 귀신의 것이니 (16) 시기와 다

툼이 있는 곳에는 혼란과 모든 악한 일이 있음이라."

거짓 지혜는 위로부터 내려온 것이 아니다. 하나님께로부터 내려온 지혜가 아니라는 말씀이다. 이러한 지혜는 땅 위의 것이요, 정욕의 것이요, 귀신의 것이다. 바로, 세속적 지혜를 말한다. 그런데 문제는 사람들이 세속적 지혜에 미혹되는 데에 있다. 사람들은 세속적 지혜에 속아서 시기와 다툼을 일으키고 혼란을 야기한다. 진리를 거슬러 거짓을 따라가며, 모든 악한 일을 만들고 만다. 겉으로는 지혜 같으나 결국에는 개인과 공동체를 해롭게 하는 악으로 드러나고 만다.

분명한 것은 사람의 마음속에 독한 시기와 다툼이 있으면 참된 지혜가 아니다. 미움이 일어나고 분노가 일어나면 거짓 지혜임에 틀림이 없다. 사람의 마음속에 쓴 뿌리가 있다면 그것은 거짓 지혜일 뿐이다. 거짓 지혜가 사람의 마음속에 시기심을 일으키고 이기심을 야기한다.

거짓 지혜는 "땅 위의 것"이다. 땅 위에 한정된 지혜다. 곧 사라질 지혜다. 땅 위의 것으로 한정되어 있어서 하늘을 바라보지 못한다. 이러한 지혜는 사람으로 보이는 것만 보게 하고, 땅 위의 것만 구하게 한다. 이러한 지혜는 하늘로부터 오는 지혜를 거부할 뿐만 아니라 하늘로부터 오는 지혜를 대적하고 만다. 왜냐하면 거짓 지혜는 땅에 속하여 스스로 지혜롭게 여기며, 하늘로부터 오는 참 지혜를 어리석게 보기 때문이다.

거짓 지혜는 "정욕의 것"이다. 이것은 사람이 육신의 욕심에 이

끌리는 것을 말한다. 육신의 욕심을 뛰어넘지를 못한다. 그래서 거짓 지혜는 육신의 소욕에 따라 자신의 욕심대로 살아가게 한다. 그러므로 거짓 지혜는 성령을 거슬러 행하고, 진리를 거슬러 말한다. 하나님의 말씀을 왜곡하거나 외면한다. 거짓 지혜는 정욕의 것이기 때문에 결코 영적인 소망을 알지 못한다. 그래서 거짓 지혜는 말씀과 성령을 대적하여 죄를 짓고, 악을 만들며, 사망을 낳는다. 거짓 지혜는 결국 사람을 파멸시키고 만다.

거짓 지혜는 "귀신의 것"이다. 마귀의 것이다. 이러한 지혜는 겉모양은 화려하지만 속에는 위선과 거짓이 가득하다. 왜냐하면 거짓의 아비 마귀가 주는 지혜이기 때문이다(요8:44). 그러므로 거짓 지혜는 사람들로 시기와 다툼과 혼란과 모든 악한 일에 빠지게 한다. 마귀는 사람들로 거짓 지혜에 속아 넘어가게 하여 사람을 멸망시키려는 데에 그 목적이 있다. 우리는 항상 깨어 기도에 힘쓰며, 하나님의 말씀으로 마귀를 대적해야만 한다.

> (벧전5:8-9) "(8) 근신하라 깨어라 너희 대적 마귀가 우는 사자같이 두루 다니며 삼킬 자를 찾나니 (9) 너희는 믿음을 굳건하게 하여 그를 대적하라 이는 세상에 있는 너희 형제들도 동일한 고난을 당하는 줄을 앎이라."

참 지혜

(약3:17-18) "(17) 오직 위로부터 난 지혜는 첫째 성결하고 다음에 화평하고 관용하고 양순하며 긍휼과 선한 열매가 가득하고 편견과 거짓이 없나니 (18) 화평하게 하는 자들은 화평으로 심어 의의 열매를 거두느니라."

거짓 지혜에 속지 말아야 한다. 오직 참된 지혜를 붙잡아야 한다. 참 지혜는 위로부터 난 지혜이다. 바로, 하나님께로부터 온 지혜를 가리킨다. 본문은 위로부터 난 참 지혜를 나열하고 있다.

① 성결

"오직 위로부터 난 지혜는 첫째, 성결하다." 거룩하다는 말씀이다. 세상과 구별되는 의미다. 세속에 물들지 않는 성결이다. 세상 지혜는 물량적인 힘을 추구한다. 힘이 있고, 강하고, 큰 것을 자랑한다. 세상 지혜는 물량적으로 크고 강하게 번성하면 성공이라고 한다. 교회와 성도들 가운데서도 세상 지혜에 속아서 물량적인 번성을 성공이라고 여기면서 자랑을 할 때가 있다. 물량적인 번성을 자랑하면서 성결을 왜곡할 때가 있다. 사람이 여기에 빠지면 자신도 모르게 진리를 대적하는 자리에 앉고 만다. 물량적인 성공을 추구하는 세속적 지혜에는 독한 시기와 다툼이 있고, 진리를 거스르는 거짓이 숨어있다. 세속적 지혜는 결코 성결하지 못하다.

그러나 위로부터 난 지혜는 첫째, 성결하다. "첫째"라고 하는 것은 그만큼 중요하다는 말씀이다. 다른 모든 것들을 다 갖추었다고 할지라도 성결하지 못하면 아무것도 아니다. 성결하지 못하면 가짜일 뿐이다. 하나님은 우리에게 "내가 거룩하니 너희도 거룩하라"고 요구하신다(레11:45; 19:2). 거룩은 하나님의 백성이요, 하나님의 자녀인 우리에게 절대적인 것이다. 하나님의 백성이 세속적 지혜를 취해서는 결코 안 된다. 하나님의 백성은 어떠한 경우에도 세속적 지혜와는 구별된 위로부터 난 지혜를 보여야 한다. 진리의 말씀에 순종하며, 성령으로 기도하고, 성령으로 살고, 성령으로 행해야 한다.

② 화평

위로부터 난 지혜, 즉 참 지혜의 두 번째 요소는 "화평"이다. 여기에서 "화평하다"라는 말씀은 악과 더불어 타협하는 것이 아니다. 이것은 거짓 지혜에서 나타난 시기와 다툼과 자랑을 멀리하는 것이다. "화평"은 우리로 하나님과의 관계뿐만 아니라, 사람들과의 관계에서 참된 생명적 관계를 맺은 상태를 가리킨다. 서로의 관계가 사랑으로 충만한 상태를 말한다. 지혜의 왕이신 예수님은 화평을 위하여 성육신하셨고, 십자가에서 화목제물이 되셨다. 예수님은 십자가에서 하나님 사랑과 이웃 사랑의 율법을 완성하시므로 화평의 왕이심을 보이셨다. 화평이 참된 지혜이다.

(마5:9) "화평하게 하는 자는 복이 있나니 그들이 하나님의 아들이라 일컬음을 받을 것임이요."

(약3:18) "화평하게 하는 자들은 화평으로 심어 의의 열매를 거두느니라."

③ 관용

위로부터 난 참 지혜의 세 번째 요소는 "관용"이다. 이 관용의 지혜는 자기의 권리를 주장하는 일보다도 타인을 살리기 위하여 나타내는 사랑이다. 자신보다 연약한 사람에게 자신의 권리를 사용하지 않고 양보하고 너그럽게 상대의 죄와 허물까지도 참아주고 덮어주고 용서하는 사랑이다.

지혜의 왕이신 예수 그리스도는 죄와 허물투성이였던 우리를 참아주시고 우리를 용서하시고 우리를 살리시려고 자신의 권리를 사용하지 않으시고 오히려 우리의 죄 짐을 감당하시고 우리 대신 십자가에서 대속의 형벌을 받으셨다. 이러한 관용을 삶의 현장에서 나타내는 사람이 참된 지혜자이다.

④ 양순

위로부터 난 참 지혜의 네 번째 요소는 "양순"이다. "양순"이란 '순종하기를 잘하는 상태'를 가리킨다. 언제나 말씀에 순종할 준비가 되어 있는 상태를 말한다. 다윗 왕은 언제나 말씀에 순종할 준비가 잘 되어 있던 사람이었다. 그러나 사울 왕은 자기의 욕심 때문에 말씀에 불순종하는 완고함으로 가득했다. 양순은 참 지혜이다. 우리 주 예수님은 십자가에 죽기까지 아버지의 뜻대로 순종하셨다. 우리에게 양순으로 참 지혜를 보여주신 예수님이시다.

⑤ 긍휼

계속해서 위로부터 난 참 지혜는 "긍휼과 선한 열매가 가득하고"라고 말씀한다. 이 말씀은 언제나 상대를 향하여 자비를 베풀어 줄 준비가 되어 있고 또 그러한 삶으로 선한 열매를 많이 맺는 것을 말씀한다. 악한 열매가 아니다. 선한 열매가 가득하다. 사람은 누구나 긍휼히 여길 대상이다. 누구에게나 긍휼한 마음을 갖고서 긍휼히 여기며 선한 열매를 많이 맺는 자가 참된 지혜자이다. 연약한 우리를 긍휼히 여기시는 주님은 이렇게 말씀하신다.

> (마5:7) "긍휼히 여기는 자는 복이 있나니 그들이 긍휼히 여김을 받을 것임이요."

⑥ 편견과 거짓을 멀리함

마지막으로 위로부터 난 참 지혜는 "편견과 거짓이 없나니"라고 말씀한다. 이것은 어떠한 일에든지 좌우로 흔들리지 않고 진리를 따른다는 말씀이다. 진리를 따라가므로 좌우로 치우치지 않는다. 진리를 따르므로 편견과 거짓이 자리할 수 없다.

참 지혜의 왕 예수 그리스도를 따르라

참 지혜를 온전히 보이신 분은 우리 주 예수님이시다. 예수님은 성결하고 화평하고 관용하고 양순하며 긍휼과 선한 열매가 가득하고 편견과 거짓이 없이 화평으로 하나님 아버지의 뜻을 이루는 의의 열매를 보여주셨다.

참 지혜는 오직 위로부터 온다. 땅 위의 것, 정욕의 것, 귀신의 것은 결코 참 지혜가 아니다. 거짓 지혜일 뿐이다. 우리는 세속적인 거짓 지혜에 속아서는 안 된다. 야고보서 1장 17절에 보면 "온갖 좋은 은사와 온전한 선물이 다 위로부터 빛들의 아버지께로부터 내려오나니"라고 했다. 위로부터 내려온 것이어야 참 지혜다.

땅 위의 것이 아니라, 위로부터 오는 것을 기대하고, 위로부터 오는 것을 구하고, 위로부터 오는 참된 지혜를 붙잡아야 한다. 그렇지 않으면 우리는 세상 거짓 지혜에 속아서 거짓되게 살 수밖에 없다. 사망권세를 이기시고 부활하셔서 제자들 앞에 나타나신 예수님이 승천에 앞서서 제자들에게 하신 말씀이 있다.

(눅24:49) "볼지어다. 내가 내 아버지께서 약속하신 것을 너희에게 보내리니 너희는 위로부터 능력으로 입혀질 때까지 이 성에 머물라 하시니라."

위로부터 오는 능력으로 힘입어야 한다. 위로부터 오는 성령충만을 힘입을 때에 참 지혜를 나타내게 된다. 참된 지혜, 참된 능력은 결코 땅 위에 있지 않다. 오직 참된 지혜는 위로부터 내려온다. 위로부터 오신 성령님은 우리에게 참된 지혜를 알게 하며, 참된 지혜를 따르게 한다. 바울은 고린도전서에서 참된 지혜에 대하여 증언하고 있다.

> (고전1:18) "십자가의 도가 멸망하는 자들에게는 미련한 것이요 구원을 받는 우리에게는 하나님의 능력이라."

참된 지혜는 십자가의 도에 있다. 예수님은 성결하고 화평하고 관용하고 양순하며 긍휼과 선한 열매가 가득하고 편견과 거짓이 없이 화평으로 하나님 아버지의 뜻을 이루는 의의 열매를 십자가에서 보여주셨다. 하늘로부터 내려오셔서 십자가에 못 박히신 예수님이 하나님의 능력이요 하나님의 지혜이시다(고전1:22-24). 바울은 계속해서 이렇게 전하고 있다.

> (고전1:30) "너희는 하나님으로부터 나서 그리스도 예수 안에서 있고 예수님은 하나님으로부터 나와서 우리에게 지혜와 의로움과 거룩함과 구원함이 되셨으니."

예수님은 하나님으로부터 나와서 우리에게 참된 지혜가 되셨다. 예수님이 우리의 참 지혜이시다. 그러므로 바울은 이렇게 전한다.

(고전2:1-5) "(1) 형제들아 내가 너희에게 나아가 하나님의 증거를 전할 때에 말과 지혜의 아름다운 것으로 아니하였나니 (2) 내가 너희 중에서 예수 그리스도와 그가 십자가에 못 박히신 것 외에는 아무것도 알지 아니하기로 작정하였음이라 (3) 내가 너희 가운데 거할 때에 약하고 두려워하고 심히 떨었노라 (4) 내 말과 내 전도함이 설득력 있는 지혜의 말로 하지 아니하고 다만 성령의 나타나심과 능력으로 하여 (5) 너희 믿음이 사람의 지혜에 있지 아니하고 다만 하나님의 능력에 있게 하려 하였노라."

무엇을 구하며 살고 있는가? 위로부터 오는 하나님의 지혜, 하나님의 능력을 구하는가? 아니면, 사람의 능력, 땅 위의 지혜를 구하고 있지는 않은가? 어떠한 지혜를 소유하고 있는가? 참 지혜를 소유한 사람은 지혜의 온유함으로 그 행함을 보여야 한다. 열매를 맺고 열매를 거두어야 한다. 무슨 열매일까? 그것은 하나님의 뜻을 따르는 삶의 열매이다. 하나님의 뜻이 무엇일까? 그것은 하나님이 위에서 보내신 그 독생자 예수님을 믿고 예수님을 온전히 따르는 일이다. 예수님을 따라 십자가의 사랑으로 충만하여 그 사랑으로 열매를 맺는 일이다. 그리스도인의 최고의 지혜와 최고의 열매가 여기에 있다. 예수님을 믿지 않고 예수님을 따르지 않는 것은 그것이 아무리 화려해도 참 지혜가 아니다. 그러면 어떠한 예수님을 따르는가? 주님은 이렇게 말씀하셨다.

(마16:24) "이에 예수께서 제자들에게 이르시되 누구든지 나를 따라오려거든 자기를 부인하고 자기 십자가를 지고 나를 따를 것이니라."

십자가를 지신 예수님을 믿고 따라가는 것이다. 진실로 십자가의 도가 참 지혜이다. 우리를 향한 사랑으로 충만하여 자기를 부인하고 자기 십자가를 지고 참 지혜를 보여주신 예수님을 따르는 자가 참된 지혜자이다. 그리스도인이 세상에 보여줄 참된 지혜는 사랑의 십자가를 지신 예수님의 사랑이다. 결코 세속적이고 물량적인 성공을 보여주는 것이 아니다. 그러나 많은 경우에 세속적인 성공을 보이고자 하는 유혹에서 자유롭지 못하다. 교회도 그렇고 성도들도 그러하다. 거짓 지혜에 속는 줄도 모르고 속아서 그 눈이 가려지고 있다. 여기에 하나님의 지혜와 하나님의 능력에서 더욱더 멀어져가는 비극이 있다. 십자가의 사랑으로 충만해야 하는데, 오히려 거짓 지혜에 미혹되어 세속적이고 물량적인 성공을 보이고자 독한 시기와 다툼과 혼란과 어둠의 자리에 앉는다.

그렇다면, 오늘 나는 참 지혜를 구하고, 참 지혜를 보이고 있는가? 오, 주님! 나로 하여금 세속적인 성공이 아니라 자기를 부인하고 자기 십자가를 지는 십자가의 도를 붙잡게 하옵소서. 짧은 안개생명 길에서 내 모습이 초라할지라도 지혜의 주님을 따르게 하옵소서.

안개
생명의
지혜

하나님과 원수가
되지 말라

약4:1-5

한 나라의 백성이 그 나라의 왕과 원수가 되면 어떠할까? 그에게 기다리는 것은 왕의 진노밖에 없다. 회사에서 일하는 사원이 그 회사의 대표와 원수가 되면 어떠할까? 그는 회사 생활이 불행할 수밖에 없다. 그렇다면, 믿음으로 살아가노라 하면서도 우리가 하나님과 원수가 된다면, 어떠할까?

　본문 4절에 보면, "하나님과 원수 된다"는 말씀이 두 번이나 등장한다. 믿음으로 살아간다고 여기는데 하나님과 원수가 된다고 하면 이것처럼 허무한 일이 없을 것이다. 자신은 열심히 신앙생활을 잘 했다고 여기며 살았는데, 주님 앞에 서는 날 주님께서 "내가 너희를 도무지 알지 못하니 불법을 행하는 자들아 내게서 떠나가라" 하면 너무도 큰 충격이요, 큰 낭패가 아닐 수 없다(마7:23). 하나님과 원수가 되면 천국 밖으로 쫓겨나 영원히 이를 갈며 후회하게 된다. 자신은 믿음으로 열심히 살았다고 여겼는데, 믿음으로 살았다고 하는 그 모든 삶이 일시에 헛되고 만다.

이러한 일이 결코 우리에게 닥쳐서는 안 된다. 우리의 삶이 결코 헛되어서는 안 된다. 그러므로 본문에서 우리에게 권면한다. 그것은 "하나님과 원수가 되지 말라"는 말씀이다. 그렇다면, 하나님과 원수가 되지 않기 위하여 우리가 해야 할 일은 무엇일까?

싸움과 다툼을 멀리하라

(약4:1-2) "(1) 너희 중에 싸움이 어디로부터 다툼이 어디로부터 나느냐 너희 지체 중에서 싸우는 정욕으로부터 나는 것이 아니냐 (2) 너희가 욕심을 내어도 얻지 못하여 살인하며 시기하여도 능히 취하지 못하므로 다투고 싸우는도다 너희가 얻지 못함은 구하지 아니하기 때문이요."

싸움이란 결코 선한 것이 못 된다. 싸움이란 악하여서 한 개인의 인격과 삶을 파괴하고 만다. 나아가 그가 속한 공동체 전체를 파괴하고, 무너뜨리고 만다. 가정도 그렇고 국가도 그렇다. 그런데 1절에 "너희 중에"라고 말씀한다. 바로 교회공동체 안에 싸움과 다툼이 있다. 지상에 있는 교회 안에 하나님과 원수가 되는 일이 있다.

그런데 그 출발점이 어디에 있는가? "너희 지체 중에서 싸우는 정욕으로부터 나는 것이 아니냐?"라고 반문하고 있다. 여기에서 "정욕"이란 자기 자신만을 위한 만족이나 쾌락을 가리킨다. 자기

밖에 모르는 일이다.

자신이 속한 공동체 안에서 자신만 생각하고, 자신만 위한다. 다른 사람이나 공동체를 생각하지를 못한다. 이러한 정욕 때문에 공동체 속에서 싸움이 일어나고, 다툼이 생긴다. 결국 공동체의 평화가 깨트려지고 만다. 싸움과 다툼은 교회 공동체를 무너뜨리는 일이기 때문에 하나님과 원수가 되는 일임에 틀림이 없다.

그렇다면 내가 정욕에 사로잡혀 있는가를 어떻게 알 수 있을까? 그것은 '내가 나의 정욕, 즉 나의 만족만을 구하고 있는가?' 아니면, '하나님의 선하시고 기뻐하시는 뜻을 구하고 있는가?'를 살펴보아야 한다. 성도는 가정이나 국가나 교회나 자신이 속한 공동체에서 자신의 쾌락을 따르는 욕심을 멀리하고 하나님의 선하시고 기뻐하시고 온전하신 뜻을 구해야 한다(롬12:2). 그러할 때에 싸움과 다툼이 사라지고 평화가 온다.

그러나 말세에 갈수록 사람들은 자기 자신만을 생각하는 정욕 때문에 욕심을 내고, 시기를 하고, 다투고 싸우고, 심지어 살인까지 한다. 사람의 정욕은 밑이 빠진 독과 같아서 결코 채워지질 않는다. 그러한 정욕으로 인하여 공동체 안에 분쟁이 일어나고 평화가 깨트려진다. 그러므로 공동체 안에서 반드시 개인의 정욕이 사라져야 한다. 그리고 하나님의 선하신 뜻을 구하고 그 뜻에 순종해야 한다. 그러할 때에 싸움과 다툼이 사라지고, 하나님이 주시는 하나님 나라의 평화가 가득가득 채워지게 된다.

주님은 산상수훈에서 이렇게 말씀하셨다.

> (마5:23-24) "(23) 그러므로 예물을 제단에 드리려다가
> 거기서 네 형제에게 원망 들을 만한 일이 있는 것이 생각
> 나거든 (24) 예물을 제단 앞에 두고 먼저 가서 형제와 화
> 목하고 그 후에 와서 예물을 드리라."

참된 예배를 말씀하고 있다. 하나님 앞에 참된 예배를 드리고자
하면 믿음의 권속들이 서로 화목해야 한다. 화목하지 못하고 서로
싸우고, 다투고, 서로 원망하는 상황이라면 아무리 많은 봉사를
하고, 아무리 많은 헌금을 드리고, 수많은 예배를 드린다고 할지
라도 모든 것이 헛되다는 말씀이다. 그러한 예물과 예배는 하나님
이 받지 않으신다. 왜냐하면 화목하지 못하고 서로 다투고 싸우는
일은 하나님과 원수가 되는 일이기 때문이다. 그러므로 참된 예배
자가 되기 위해서는 싸움과 다툼의 정욕을 물리쳐야 한다.

우리는 언제나 하나님의 말씀을 붙잡아야 한다. 누구든지 말씀
으로 진실한 신앙의 뿌리가 바로 내려지지 아니하면 그는 타락하
게 되어 있다. 타락한 인생이 거하는 공동체에서는 언제든지 싸움
이 일어나게 되어 있다. 그러므로 우리는 언제나 말씀 앞에 엎드
려야 한다. 말씀에 귀를 기울여야 한다.

(엡4:3) "평안의 매는 줄로 성령이 하나 되게 하신 것을 힘써 지키라."

(빌4:2) "내가 유오디아를 권하고 순두게를 권하노니 주 안에서 같은 마음을 품으라."

빌립보교회에서도 고린도교회에서도 성도들 간에 갈등이 있었다. 서로 갈등하고 반목하는 것은 공동체 안에서 매우 불행한 일이다. '누구는 누구의 편'하면서 끼리끼리 편을 나눈다. 아예 또 편을 갈라 뒤에서 부채질을 하며, 그것을 낙으로 삼는다. 이처럼 어리석은 자들이 옛날이나 지금이나 공동체 안에 있어 불행한 일들을 만들어 낸다. 이러한 일들이 하나님과 원수가 되는 아주 무섭고, 어리석은 일이라는 것을 알지 못한다. 우리는 말씀에 귀를 기울여야 한다.

(벧전4:7-8) "(7) 만물의 마지막이 가까이 왔으니 그러므로 너희는 정신을 차리고 근신하여 기도하라 (8) 무엇보다도 뜨겁게 서로 사랑할지니 사랑은 허다한 죄를 덮느니라."

우리는 하나님과 원수가 되는 싸움과 다툼의 정욕을 물리치고 하나님의 말씀에 순종하여 사랑과 화목의 열매를 맺어야 한다. 허다한 죄까지도 덮어주는 뜨거운 사랑을 구하고 그 사랑으로 승리해야 한다.

욕심을 멀리하라

> (약4:2-3) "(2) 너희가 욕심을 내어도 얻지 못하고 살인하며 시기하여도 능히 취하지 못하므로 다투고 싸우는도다 너희가 얻지 못함은 구하지 아니하기 때문이요 (3) 구하여도 받지 못함은 정욕으로 쓰려고 잘못 구하기 때문이라."

성도가 얻지 못하는 것은 구하지 않기 때문이다. 만물의 주이신 창조주 하나님 아버지께 구하지 아니하고, 자신의 탐심을 따라 온갖 방법으로 얻어 보고자 하기 때문에 얻지 못한다. 그런데 우리가 하나님께 구하지만 얻지 못하는 이유는 무엇인가? 그것은 "정욕으로 쓰려고 잘못 구하기 때문이다."

하나님 아버지께서는 그 자녀들인 우리가 필요로 하는 것들을 구하라고 말씀하신다(마7:7). 하나님의 백성이라면 누구나 구할 수 있다. 성도는 하나님께 구할 자격, 그러한 특권이 있다. 그리고 하나님은 우리가 구할 때에 좋은 것을 주시겠다고 약속하셨다. 그런데 우리가 하나님께 얻지 못함은 구하지 아니하기 때문이다(2절下). 하나님은 진실한 기도를 통하여 우리에게 모든 것을 더해

주시고자 하시는데 욕심이 많은 우리는 기도하는 일에는 인색하다. 믿음으로 진실한 기도를 할 때에 소망이 있다.

그런데 구하여도 얻지 못하는 이유는 무엇인가? 그것은 정욕으로 쓰려고 잘못 구하기 때문이다. 하나님의 나라와 하나님의 의를 위하여 구하는 것이 아니라, 자기 자신의 정욕을 위해 구하기 때문이다. 그러므로 정욕을 위해 구하는 것은 하나님이 주시지 않는다. 나 자신의 욕심을 따라 정욕으로 사용하는 일은 하나님과 원수가 되는 일이기 때문에 정욕으로 쓰려고 하는 간구는 하나님이 외면하신다. 그러나 하나님은 믿음으로 진실하고 참되게 구하는 자의 기도를 들어주신다.

> (시145:18) "여호와께서는 자기에게 간구하는 모든 자 곧 진실하게 간구하는 모든 자에게 가까이하시는도다."

하나님은 자신을 낮추고 회개하는 자의 기도를 들어주신다(눅18:14). 하나님의 뜻대로 구하는 자의 기도를 들어주신다(요5:14). 먼저 하나님의 나라와 그 의를 구하는 그러한 간구는 반드시 들어주신다(마6:33). 그러나 정욕으로 쓰려고 잘못 구하는 기도는 결코 들어주시지 않으신다. 그러므로 우리는 정욕으로 쓰려고 구하는 일, 우리의 욕심을 따라 구하는 일을 멀리해야 한다.

(갈5:24) "그리스도 예수의 사람들은 육체와 함께 그 정욕과 탐심을 십자가에 못 박았느니라."

세상과 벗 되지 말라

(약4:4-5) "(4) 간음하는 여인들아! 세상과 벗 된 것이 하나님과 원수 됨을 알지 못하느냐 그런즉 누구든지 세상과 벗이 되고자 하는 자는 스스로 하나님과 원수 되는 것이니라 (5) 너희는 하나님이 우리 속에 거하게 하신 성령이 시기하기까지 사모한다 하신 말씀을 헛된 줄로 생각하느냐?"

사람의 정욕을 다른 말로 표현하고 있다. 그것이 무엇인가? 그것은 세상과 벗 된 것이다(4). 자신의 정욕을 채우고자 세상과 타협하고, 세상과 친구가 되는 일이다. 그런데 더욱 큰 문제는 세상과 친구가 된 것이 하나님과 원수가 된다는 사실이다.

"간음하는 여자들"이란 결혼 약속에 충실하지 못한 사람을 가리킨다. 이것은 바로, 이스라엘 백성의 죄악상을 고발하는 말로 사용되었다. 특히, 구약에서 하나님께 충실하지 못한 사람을 나타낼 때에 "간음"으로 표현했다.

그러므로 본문에서 "간음하는 여인들아"라는 표현은 구약에서 하나님이 이스라엘의 남편으로 묘사되어 있고, 신약에서는 예수 그리스도를 천상의 신랑으로, 교회는 그의 신부로 나타내고 있기 때문이다. 바로 간음하는 모습은 하나님의 백성이 하나님을 떠나서, 헛된 우상에 빠지는 것이다(삿2:17; 렘3:20). 나의 마음에 하나님을 모시지 않고, 욕심을 따라 우상을 섬기고, 욕심을 따라 세상에 마음을 빼앗기는 것이 바로, 영적 간음이라는 사실이다. 그것은 곧 하나님과 원수가 되는 일이다.

본문에서 "세상"이란 우상을 숭배하는 일이요, 하나님 없이 살아가는 모든 것을 가리킨다. 세상의 헛된 것에 마음을 빼앗기는 것은 하나님과 원수가 되는 일이다. 만주의 주시이며 만왕의 왕이신 하나님과 원수가 되면, 그의 앞길에는 하나님의 진노만 있을 뿐이다.

그렇다면, 하나님과 원수가 되지 않으려면 어떻게 해야 할까? 세상과 벗이 되지 말아야 한다. 세속적인 가치에 빠지지 말아야 한다. 세상이 추구하는 정욕에 타협하지 말아야 한다. 그런데 어떠한가? 많은 사람들이 세상과 타협하며 살다가 결국에는 세상의 흐름, 세상 사람들이 숭배하는 우상을 숭배하다가 하나님과 원수가 되고 만다. 돈의 노예가 되고, 권력의 노예가 되고, 명예의 노예가 되고, 자기의 욕심의 노예가 되어 하나님과 멀어지는 일들이 허다하다. 믿음으로 사노라 하면서도 하나님께 그 마음이 향하기보다는 오직 자기중심에 빠지고, 자기만족만을 구한다. 결국 세상과 벗이 되어 살아간다. 세상의 자랑, 세상의 가치, 세상의 탐욕에 따라 우상(세상)을 섬기는 모습은 하나님과 원수가 되는 일이다.

사람이 결코 우주를 창조하신 전능하신 하나님을 대적하여 승리할 수 없다. 그러므로 우리는 우리 자신을 말씀의 거울에 비추어 자신을 돌이켜봐야 한다. 자신을 살펴 세상의 흐름에 따라가므로 하나님과 원수 된 모습이 있다면, 회개하고 하나님께 바로 돌아서야 한다. 세상과 벗 된 자리에서 하나님과 벗 된 자리로 옮겨야 한다. 내가 회개함으로 하나님께 돌이키기만 하면, 하나님은 나를 사랑의 손길로 감싸주신다.

그렇다면, 하나님은 우리를 얼마나 사랑하실까?

(약4:5) "너희는 하나님이 우리 속에 거하게 하신 성령이 시기하기까지 사모한다 하신 말씀을 헛된 줄로 생각하느냐?"

하나님께서 우리를 사랑하시되 우리가 상상할 수 없을 만큼 사랑하신다. 우리에게 영생을 주시려고 독생자 예수님을 죽기까지 내어 주셨다(요3:16). 나아가 하나님의 영인 성령을 우리에게 보내주셨다. 그리고 성령이 시기하기까지 우리를 사랑하신다.

짧은 안개생명 길에서 멀리해야 할 것을 멀리하고 없애야 할 것들을 없애야 한다. 하나님과 원수가 되는 세상의 헛된 가치와 세속의 흐름에 우리의 마음을 빼앗기지 말아야 한다. 무엇보다 우리 주 예수님을 가까이해야 한다. 성령님을 사모하며 성령으로 충만해야 한다. 마음과 정성과 힘과 뜻을 다하여 하나님을 사랑해야 한다. 하나님과 원수 된 것들을 단호하게 물리쳐야 한다. 그리하면 하나님이 주시는 은혜와 사랑이 우리 가운데 넘치게 된다. 천국이 우리 가운데 이루어지게 된다. 우리를 사랑하시는 하나님을 신뢰함으로 하나님과 원수가 되는 모든 것을 단호하게 물리치는 지혜를 붙들자.

안개
생명의
지혜

9

더욱 큰 은혜를 사모하라

약4:6-10

만물이 주에게서 나오고 주로 말미암고 주에게로 돌아간다(롬 11:36). 모든 것이 다 주님께로 말미암는다(대상29:14). 명예와 영광뿐만 아니라 조롱과 모욕까지도 주님의 손에서 받는다(키르케고르). 모든 것이 다 주님이 주신 은혜의 결과이다. 그 누구도 하나님의 은혜가 아니면 살아갈 수가 없다. 우리의 몸도, 마음도, 영혼도, 모든 삶이 다 하나님이 주신 선물이다. 내 것이라고 할 것이 하나도 없다. 하나님이 내게 주신 것 거두어 가시면 내겐 아무 것도 없다. 내가 열심히 힘쓰고 애쓰고 노력하고 최선을 다했다고 되는 것이 아니다. 사실은 힘쓰고 애쓰고 최선을 다할 수 있는 것조차도 하나님의 은혜이다. 모든 주권이 다 하나님께 있다. 우리가 사는 모든 것이 다 만물의 주인이신 하나님의 은혜 가운데 있다. 우리는 이러한 하나님의 은혜를 알고 그 은혜에 합당한 사람으로 든든히 서가야 한다(벧후3:18).

　본문 6절에 보면, "그러나 더욱 큰 은혜를 주시나니"라고 말씀한다. 하나님은 우리에게 세상과 비교할 수 없는 놀라운 은혜를 주신다. 더욱 큰 은혜를 주시는 하나님이시다. 그렇다면, 하나님은 누구에게 더욱 큰 은혜를 주실까?

겸손하라

(약4:6) "그러나 더욱 큰 은혜를 주시나니 그러므로 일렀으되 하나님이 교만한 자를 물리치시고 겸손한 자에게 은혜를 주신다 하였느니라."

우리는 더욱 큰 은혜를 주시는 하나님을 알고 그 하나님을 기억해야 한다. 능히 모든 은혜를 넘치게 하시는 하나님이시다(고후9:8). 하나님은 아주 값지고 귀한 것을 거저 값도 없이 주신다. 싸구려를 주시는 것이 아니다. 하나님은 하나님의 가장 귀하고 값진 하나밖에 없는 독생자를 주셨다. 나아가 그 아들과 더불어 모든 것을 은사로 더해 주시기를 원하신다(롬8:32). 모든 것을 넘치도록 채워주시는 하나님이시다.

그런데 더욱 큰 은혜를 주시는 하나님이 누구에게 은혜를 주신다고 하는가? "일렀으되 하나님이 교만한 자를 물리치시고 겸손한 자에게 은혜를 주신다 하였느니라." 겸손한 자에게 은혜를 주시는 하나님이시다. 하나님은 말씀 앞에서 교만하게 행했던 사울 왕을 물리치셨으나 겸손하게 말씀 앞에 엎드린 다윗 왕에게는 더욱 큰 은혜를 베풀어주셨다.

> (잠3:34) "진실로 그는 거만한 자를 비웃으시며 겸손한 자에게 은혜를 베푸시나니."

> (벧전5:5) "젊은 자들아 이와 같이 장로들에게 순종하고 다 서로 겸손으로 허리를 동이라 하나님은 교만한 자를 대적하시되 겸손한 자들에게는 은혜를 주시느니라."

겸손한 자에게 은혜를 주시는 하나님이시다. 겸손한 자란 하나님의 절대주권을 인정하면서 하나님께 순종하며 전적으로 하나님께 의지하며 사는 자를 가리킨다. 하나님의 뜻을 따라 사는 자이다. 자신의 욕심대로 사는 자가 아니다. 자신의 욕심 때문에 교만하여 싸우고 다투는 자가 아니다. 오직 하나님 앞에서 자신을 낮추고, 그 마음으로 사람들 앞에서도 자신을 낮추는 자이다. 겸손한 자를 하나님이 기뻐하신다. 하나님은 교만한 자를 대적하시되 겸손한 자에게는 더 큰 은혜를 더해 주신다. 그러므로 본문 10절은 이렇게 말씀한다.

> (약4:10) "주 앞에서 낮추라 그리하면 주께서 너희를 높이시리라."

하나님께 복종하라

(약4:7) "그런즉 너희는 하나님께 복종할지어다. 마귀를 대적하라 그리하면 너희를 피하리라."

"그런즉"이라는 말씀은 하나님이 겸손한 자에게 은혜를 주시기 때문에 너희는 이렇게 행하라는 말씀이다. 어떻게 행하라고 말씀하는가? 하나님께 복종할 것을 말씀한다. "복종"이란 "겸손"과 밀접하게 붙어 있다. 겸손한 자는 전적으로 하나님의 절대주권을 인정하고 하나님께 의지한다. 하나님께 절대적으로 의지하기 때문에 또한 하나님께 절대적으로 복종한다. 그러나 교만한 자는 어떠한가? 교만한 자는 자신이 하나님의 자리를 찬탈하고서 하나님을 인정하지 않고 자기 마음대로 살아간다. 자기 편리대로, 자기 욕심대로 살아간다. 그러므로 교만한 자가 하나님의 말씀에 복종할 수가 없다. 겸손한 자만이 하나님께 복종하며 하나님이 주신 은혜를 받아 누리게 된다.

"마귀를 대적하라 그리하면 너희를 피하리라"고 말씀한다. 세상을 살아갈 때에 마귀는 우리를 끊임없이 미혹한다. 마귀의 목적은 우리로 교만 가운데 빠져서 하나님께 불순종하여 넘어지게 하는 일이다. 마귀의 달콤한 미혹에 넘어져 내 욕심대로 행하게 되면 마귀의 밥이 되고 만다.

그런데 마귀를 대항하면 마귀가 물러간다는 말씀이다. 아담과 하와는 선악을 알게 하는 나무의 열매를 따 먹으면 하나님같이 된다는 마귀의 유혹에 넘어지고 말았다. 마귀의 유혹에 넘어져서 교만해지므로 그들은 하나님의 말씀에 불순종하고 말았다. 마귀는 우리로 교만하게 하고 하나님께 복종하지 못하게 하여 멸망에 처하게 하려고 광명의 천사를 가장하여 계속해서 우리를 미혹한다. 광명의 천사를 가장하기 때문에 어느 누구도 그 미혹 앞에 장담할 수가 없다. 우리가 할 일은 정신을 차리고 깨어서 예수님처럼 하나님의 말씀을 붙들고 마귀를 대적해야 한다. 그리하면 마귀가 피하여 물러가고 만다(마4:1-11).

> (마4:10-11) "(10) 이에 예수께서 말씀하시되 사탄아 물러가라 기록되었으되 주 너의 하나님께 경배하고 다만 그를 섬기라 하였느니라 (11) 이에 마귀는 예수를 떠나고 천사들이 나아와서 수종 드니라."

마귀에게 조금이라도 틈을 주지 말아야 한다. 마귀가 좋아하는 것이 무엇인가? 마귀가 좋아하는 것은 우리의 교만과 불순종이며, 우리의 욕심대로 살아가는 모습이다. 세상과 벗이 되어 살아가는 일이다. 그러므로 우리는 우리의 욕심에서 나오는 시기, 질투, 다툼, 원망을 멀리해야 한다. 세상과 벗이 되는 일에서 돌아서야 한다. 오직 절대주권의 하나님 앞에서 자신을 낮추어야 한다.

그리고 겸손히 말씀을 붙들고 말씀에 복종해야 한다. 예수님은 자기를 낮추시고 십자가에 죽기까지 복종하셨다. 그러한 예수님을 하나님 아버지께서 지극히 높여 모든 이름 위에 뛰어난 이름을 주시고 모든 무릎을 예수님의 이름에 꿇게 하시고 모든 입으로 예수 그리스도를 주라 시인하여 하나님 아버지께 영광을 돌리게 하셨다(빌2:6-11).

우리는 주님을 따라 말씀을 주시는 하나님께 절대복종하며 말씀으로 마귀를 대적해야 한다. 그리하면 마귀는 물러가고 하나님이 베푸시는 더욱 큰 은혜가 우리 가운데 넘치게 된다.

하나님을 가까이하라

(약4:8) "하나님을 가까이하라 그리하면 너희를 가까이하시리라 죄인들아 손을 깨끗이 하라 두 마음을 품은 자들아 마음을 성결하게 하라."

우리는 마귀를 대적할 뿐만 아니라, 보다 더 적극적으로 하나님을 가까이해야 한다. 그리하면 하나님이 우리에게 가까이하시며 우리에게 더 큰 은혜를 베풀어주신다.

일반적으로 부모는 자녀들이 부모에게 가까이하기를 원하고 그것을 기뻐한다. 마찬가지로 하나님은 하나님의 자녀인 우리가 하나님께 가까이하시기를 원하시고 그것을 매우 기뻐하신다. 그러므로 하나님의 말씀인 성경에 끊임없이 "하나님께 오라", "하나님을 찾으라", "하나님께 구하라", "하나님께 가까이하라"고 말씀하고 있다.

그렇다면, 우리가 하나님을 가까이할 때에 어떤 모습이어야 하는가? "죄인들아 손을 깨끗이 하라 두 마음을 품은 자들아 마음을 성결하게 하라"고 말씀한다. 하나님께 가까이할 때에 반드시 죄를 멀리해야 한다. 마음을 성결하게 해야 한다(렘4:4; 사1:10-18; 골2:11). 죄를 품고 하나님 앞에 나갈 수가 없다. 반드시 회개해야 한다. 세상과 벗 된 데서 돌아서야 한다. 하나님과 원수 된 데서 돌아서서 하나님을 가까이해야 한다.

본문에 "죄인들아"라고 말씀하고 있다. 지금 편지를 받고 있는 그리스도인들에게 주시는 말씀이다. 우리가 예수님을 믿어 구원을 받고 천국을 유업으로 받는다. 하나님의 은혜를 입은 구원의 백성인 것은 틀림이 없는 사실이다. 그러나 한편으로는 지금 이 땅에서 살아가는 존재이다. 구원을 받았지만 땅에서 사는 동안 완전히 성화를 입지 못했기 때문에 우리 속에 죄가 꿈틀거리고 있는 것이 사실이다(요일1:8; 롬7:19-20).

우리는 이것을 인정하고 믿음 가운데 깨어서 말씀과 기도와 성령으로 죄를 대적해야 한다. 손을 깨끗하게 씻어야 한다. 손을 씻는 규례는 출애굽기 30장 20절에 보면, 당시 제사장에게 부과된 의무였다. 하나님의 거룩함에 동참하기 위하여 손을 씻었다. 마찬가지로 오늘 우리도 손을 씻어야 한다. 십자가에서 우리를 위한 대속의 피를 흘리신 주 예수님 앞에서 죄를 회개하고 멀리하는 손을 씻어야 한다.

"손을 깨끗이 하라" 하면서 "마음을 성결하게 하라"고 말씀한다. 두 마음을 품은 원인을 제거해야 한다. 하나님을 섬기면서 동시에 세상과 벗이 된 데서 돌아서야 한다. 오직 한마음, 한뜻, 한행동으로 오직 하나님만 섬겨야 한다. 두 마음을 품고 세상과 벗된 자는 결코 하나님을 가까이할 수 없다. 그러므로 우리는 마음의 할례를 받아야 한다. 세상과 벗이 된 죄악 된 마음을 찢어 버리고, 오직 한마음을 품고 주님을 따라야 한다. 십자가의 주 예수님의 보혈로 깨끗이 씻어 정결함을 입어야 한다. 여기에 하나님의 더욱 큰 은혜가 임하게 된다.

애통하며 울라

(약4:9) "슬퍼하며 애통하며 울지어다 너희 웃음을 애통으로, 너희 즐거움을 근심으로 바꿀지어다."

"슬퍼하며 애통하며 울지어다"라고 말씀한다. 왜 슬퍼하고 애통하며 울어야 할까? 그것은 두 마음을 품고 하나님과 원수 된 죄 때문이다. 하나님께 복종하지 못하는 교만한 죄 때문이다. 마음이 성결하지 못하고 욕심으로 가득 찬 죄 때문이다. 하나님을 멀리하고 오히려 마귀의 것이요, 정욕의 것이요, 땅 위의 것을 따른 죄 때문에 슬퍼하며 애통하며 울어야 한다.

그렇다면, 마음속에 죄가 들어왔을 때에 얼마나 슬퍼하며 애통하며 울고 있는가? 슬퍼하며 애통하며 운다는 것은 마음을 찢는 일이다. 이것은 깊이 있는 회개를 말한다. 이러한 회개가 그리스도인에게 절대적으로 필요하다. 그러나 세상과 타협하며 살아가는 그리스도인들에게서 슬퍼하며 애통하며 우는 일들이 사라져 가고 있는 현실이다. "주님! 나에게 슬퍼하며 애통하는 마음이 충만하게 하옵소서."

하나님은 우리가 온 마음으로 진정성 있는 회개를 하며 새로워지기를 원하신다. 다윗은 하나님께 회개하며 이렇게 고백했다.

> (시51:17) "하나님께서 구하시는 제사는 상한 심령이라 하나님이여 상하고 통회하는 마음을 주께서 멸시하지 아니하시리이다."

하나님은 상한 심령으로 회개하는 자에게 위로와 평안과 은혜를 더해 주신다. 우리는 한순간도 하나님의 은혜가 아니면 살 수 없는 존재이다. 하나님의 은혜가 없으면 아무런 소망이 없는 고목과 같다. 그러나 하나님의 은혜가 임하면 고목에도 생수가 흐르고 새로운 움이 돋는다. 그러므로 우리는 언제나 하나님의 은혜를 받아야 한다. 그것도 풍성히 더 받아야 한다. 주님은 말씀하신다.

> (요10:10) "도둑이 오는 것은 도둑질하고 죽이고 멸망시키려는 것뿐이요 내가 온 것은 양으로 생명을 얻게 하고 더 풍성히 얻게 하려는 것이라."

우리는 겨우 구원을 받아 생명을 얻은 것으로만 만족해서는 안 된다. 우리에게 은혜를 더 풍성히 주시려는 주님을 믿고 따르면서 그 은혜의 풍성함을 얻고 누려야 한다. 그렇다면, 누가 더욱 큰 은혜를 얻고 누리는가? 그것은 ① 주 앞에서 자신을 낮추는 겸손한 자이다. ② 하나님과 그 말씀에 복종하는 자이다. ③ 하나님을 가까이하는 자이다. ④ 죄 때문에 애통하며 슬퍼하며 울며 회개하는 자이다.

하나님! 더욱 큰 은혜를 받기 원합니다. 나로 주 앞에서 낮추는 겸손한 자가 되게 하옵소서. 말씀을 주시는 하나님께 복종하며 하나님을 가까이하게 하옵소서. 언제나 죄는 모양이라도 버리고 마음을 성결하게 하는 참된 회개를 하게 하옵소서. 아멘.

분쟁을 없애라

약4:11-17

분쟁은 분쟁하는 개인뿐만 아니라 그가 속한 공동체를 망하게 하는 악이다. 성경은 그러한 개인과 공동체에 경고의 말씀을 주고 있다.

> (갈5:15) "만일 서로 물고 먹으면 피차 멸망할까 조심하라."

    이러한 경고의 말씀이 있지만 사람들은 경고의 말씀을 자신들과는 관계가 없는 것처럼 행동한다. 사람이 하나님의 말씀을 받고 말씀 위에서 새롭게 거듭나면 개인이나 공동체는 더욱더 견고해진다. 거기에 천국이 임한다. 그러나 말씀을 외면하고 말씀을 버리게 되면 개인이나 공동체는 망하게 된다. 결국에는 지옥을 맛보게 된다. 서로 물고 먹으면 피차 멸망하게 된다는 말씀을 기억하고 우리는 보다 적극적으로 십자가의 주님을 따라 사랑으로 서로

종노릇해야 한다(갈5:13).

> (요일4:10-11) "(10) 사랑은 여기 있으니 우리가 하나님을 사랑한 것이 아니요 하나님이 우리를 사랑하사 우리 죄를 속하기 위하여 화목제물로 그 아들을 보내셨음이라 (11) 사랑하는 자들아 하나님이 이같이 우리를 사랑하셨은즉 우리도 서로 사랑하는 것이 마땅하도다."

그런데 야고보의 편지를 받고 있는 초대교회 성도들 안에서도 싸움이 있고 다툼이 있고 서로를 망하게 하는 분쟁이 있었다.

> (약4:2) "너희는 욕심을 내어도 얻지 못하여 살인하며 시기하여도 능히 취하지 못하므로 다투고 싸우는도다...."

분쟁은 결코 위로부터 내려온 것이 아니다. 하나님께로부터 온 것이 결코 아니다. 사람의 마음속에 있는 독한 시기와 다툼은 전적으로 땅 위의 것이요, 정욕의 것이요, 귀신의 것이다(3:14-15). 분쟁은 마귀에게서 오는 어두움이다. 마귀에게서 오기 때문에 분쟁은 독한 시기와 다툼 속에서 미움과 증오의 핵폭탄을 터뜨린다. 사랑이라고는 하나도 없는 악으로 치닫는 어리석음이다. 그러므로 분쟁은 사랑으로 충만하신 하나님과 원수가 된다(4:4). 하나님과 원수가 되기 때문에 형제를 사랑하지 아니할 뿐만 아니라 하나님을 사랑하지 못한다(요일4:20). 하나님과 원수가 되기 때문에 마귀에게서 오는 독한 시기와 다툼에 빠져 분쟁을 일으킨다.

그리스도인이라면 하나님과 원수가 되는 일을 멀리해야 한다. 반드시 분쟁을 일으키는 시기와 다툼을 멀리해야 한다. 분쟁을 일으키는 마귀를 대적하고, 화평의 주 하나님을 가까이해야 한다(4:7-8). 화평으로 심어 의의 열매를 거두어야 한다(3:18). 그리하면 거기에 하나님이 더 큰 은혜를 주신다(4:6).

야고보는 다투고 싸우고 분쟁하는 성도들이 그 분쟁을 없애려면 행하지 말아야 할 것이 있다고 전한다. 무엇을 하지 말라고 하는가?

서로 비방하지 말라

먼저 "형제들아 서로 비방하지 말라"고 말씀한다(11). 여기에서 "비방"이란 그 자리에 비방의 대상이 없을 때에 그 상대를 헐뜯고 비난하는 것을 말한다. 그런데 죄를 품고 살아가는 사람들은 비방하는 것을 즐긴다. "남의 말하기를 좋아하는 자의 말은 별식과 같아서 배 속 깊은 데로 내려간다"(잠18:8; 26:22). 죄가 나쁘다는 것을 알면서도 정작 자신이 죄악을 행하고 만다. 사람은 누구나 자신을 헐뜯고 비방하는 것을 좋아할 사람은 아무도 없다. 그럼에도 불구하고 정작, 자신은 다른 사람을 쉽게 헐뜯고 비방을 한다. 이러한 비방으로 말미암아 서로 간에 다툼이 일어나고 싸움이 일어난다. 분쟁이 일어난다. 그러면 당사자뿐만 아니라, 공동체(교회, 가정, 사회, 나라)는 큰 고통을 안게 된다. 나아가, 이웃에게 전도하는 길을 차단해버리는 결과를 낳는다. 그러므로 "비방"하는 일은 아무 유익이 없을 뿐만 아니라, 큰 죄악이 된다. 분쟁만 일으킬 따름이다. 공동체(교회, 가정, 사회, 나라)를 해롭게 하는 큰 죄악이다. 비방을 좋아할 세력이 있다면, 마귀밖에 없다. 그러므로 성경은 말씀한다.

> (잠20:19) "두루 다니며 한담하는 자는 남의 비밀을 누설하나니 입술을 벌린 자를 사귀지 말지니라."

> (잠25:9) "너는 이웃과 다투거든 변론만 하고 남의 은밀한 일은 누설하지 말라."

야고보는 서로 비방하는 성도들을 가리켜 "형제들아!"라고 부른다. 같은 형제이다. 하나님이 사랑하고 아끼고 보배롭게 여기는 같은 하나님의 자녀들이다. 죄와 허물이 있으나 하나님이 은혜를 베풀고 사랑으로 구원해 주신 존재들이다. 다 같은 하나님의 자녀들이요, 다 같은 형제들이다. 서로 헐뜯고 비난하고 비방해야 할 대상이 아니라, 서로 아끼고 감싸며 사랑해야 할 대상이다. 비방을 멀리하고 사랑으로 보호해야 할 대상이다.

> (요일4:7-8) "(7) 사랑하는 자들아 우리가 서로 사랑하자 사랑은 하나님께 속한 것이니 사랑하는 자마다 하나님으로부터 나서 하나님을 알고 (8) 사랑하지 아니하는 자는 하나님을 알지 못하나니 이는 하나님은 사랑이심이라."

"서로 비방"이 아니라, "서로 사랑"을 해야 한다. 서로 사랑하는 자가 하나님을 아는 자이다. 그러나 서로 비방하는 자는 하나님을 알지 못하는 자이다. 하나님을 아버지라고 부르면서 같은 형제를 비방하는 자는 결국 하나님을 비방하는 어리석은 죄의 자리에 앉고 만다.

> (약4:11) "형제들아 서로 비방하지 말라 형제를 비방하는 자나 형제를 판단하는 자는 곧 율법을 비방하고 율법을 판단하는 것이라 네가 만일 율법을 판단하면 율법의 준행자가 아니요 재판관이로다."

우리는 예수 그리스도로 말미암아 완성된 사랑의 율법을 지켜야 하는 율법의 준행자이다. 그런데 형제를 비방하고 형제를 판단함으로써 결국은 사랑의 율법이 잘못되었다고 비방하고 판단하는 재판관 자리에 앉고 만다. 결국은 하나님의 자리를 찬탈하고 앉아서 하나님을 비웃고 하나님께 도전하고 있는 것이다. 그러므로 이렇게 말씀한다.

(약4:12) "입법자와 재판관은 오직 한 분이시니 능히 구원하기도 하시며 멸하기도 하시느니라 너는 누구이기에 이웃을 판단하느냐?"

우리의 입법자와 재판관은 누구인가? 우리의 입법자와 재판관은 오직 하나님 한 분밖에 없다. 모든 권한은 오직 하나님께만 있다. 우리를 판단하실 재판관은 오직 하나님 한분밖에 없다. 그러므로 내가 형제를 비방하고 판단하는 것은 하나님의 자리를 찬탈하는 큰 죄악이 된다.

"너는 누구이기에 이웃을 판단하느냐?"라고 엄한 경고를 한다. 우리는 하나님이 누구이시며, 내가 누구인가를 정확히 알고 행해야 한다. 오직 하나님만이 입법자요 재판관이시다. 우리는 그 율법을 준행해야 할 율법의 준행자다. 결코 우리가 재판관의 자리에 앉아서는 안 된다.

우리는 할 수 있으면 모든 사람과 더불어 화목해야 한다. 원수라고 하더라도 우리가 친히 원수를 갚지 말고 하나님의 진노하심에 맡겨버려야 한다(롬12:18-19). 심판의 모든 주권이 하나님께 있다. 다윗은 시기와 질투 속에서 자신을 죽이려고 군사를 일으키고 쫓아왔던 사울 왕을 제거할 수 있는 절호의 기회를 만났었다. 그러나 다윗은 그 좋은 기회에 사울 왕을 죽이지 않았다. 왜 그랬는가? 그때에 다윗이 사울 왕에게 이렇게 고백했다.

> (삼상24:12,15) "(12) 여호와께서는 나와 왕 사이를 판단하사 여호와께서 나를 위하여 왕에게 보복하시려니와 내 손으로는 왕을 해하지 않겠나이다 (15) 그런즉 여호와께서 재판장이 되어 나와 왕 사이에 심판하사 나의 사정을 살펴 억울함을 풀어 주시고 나를 왕의 손에서 건지시기를 원하나이다 하니라."

다윗은 재판관은 오직 하나님 한 분이심을 믿고 하나님께 모든 것을 맡겨버렸다. 우리도 입법자와 재판관 되신 하나님께 모든 것을 맡겨버리고, 모든 비방을 물리치고, 오직 사랑으로 하나님의 율법을 준행해야 한다. 말씀에 귀를 기울이고 입법자 되신 하나님께 순종해야 한다.

> (요일3:14-15) "(14) 우리는 형제를 사랑함으로 사망에서 옮겨 생명으로 들어간 줄을 알거니와 사랑하지 아니하는 자는 사망에 머물러 있느니라 (15) 그 형제를 미워하는 자마다 살인하는 자니 살인하는 자마다 영생이 그 속에 거하지 아니하는 것을 너희가 아는 바라."

허탄한 자랑을 하지 말라

교회나 가정이나 공동체 안에서 분쟁을 막으려면 "서로 비방하지 말아야 한다." 그리고 또 한 가지 중요한 것이 있다. 그것은 "허탄한 자랑을 하지 말아야 한다."

> (약4:16) "이제도 너희가 허탄한 자랑을 하니 그러한 자랑은 다 악한 것이라."

하나님은 우리 한 사람, 한 사람을 향하여 사랑 가운데서 간섭하시고, 섭리하시고, 역사하신다. 하나님이 우리의 인생을 계획하시고, 준비하시고, 모든 것을 합력하여 선이 되게 하신다(롬8:28). 우리의 인생을 건설하며 세워가는 것은 내가 아니다. 내가 내 인생을 살아가는 것 같아도 결코 그렇지 않다. 내 인생의 모든 것이 하나님의 손 안에 있다.

> (대상29:12) "부와 귀가 주께로 말미암고 또 주는 만물의 주재가 되사 손에 권세와 능력이 있사오니 모든 사람을 크게 하심과 강하게 하심이 주의 손에 있나이다."

우리를 기르시고 돌보시는 분이 하나님이시다(시95:7). 하나님은 만물의 주인이시며 우리 인생의 주인이시다(대상29:11-12; 롬

11:36). 그러므로 우리는 주인이신 하나님을 의지하며, 하나님을 바라보며, 하나님의 뜻과 하나님의 인도하심을 구하고, 하나님께 순종하고, 감사하며, 모든 자랑과 찬양과 영광을 하나님께 돌려야 한다(대상29:13-14, 16).

그런데 사람이 허탄한 자랑을 한다(16). 이러한 사람은 자신이 하나님의 자리에 앉아서 자신이 주인 노릇을 하며 살아간다. 그렇기 때문에 하나님의 뜻을 구하기보다는 자신의 뜻을 앞세운다. 하나님께 의지하기보다는 자기의 계획을 앞세우고 자신이 모든 것을 자기 마음대로 할 수 있다고 자랑을 한다. 이런 사람은 하나님의 뜻에는 아무런 관심이 없다. 그래서 무엇이 하나님의 선하시고 온전하신 뜻인가를 구하지도 않는다. 이런 사람에게 중요한 것은 하나님의 뜻이 아니다. 이런 사람에게 중요한 것은 오직 자신의 뜻과 자신의 이익이다(13).

(약4:13) "들으라 너희 중에 말하기를 오늘이나 내일이나 우리가 어떤 도시에 가서 거기서 일 년을 머물며 장사하여 이익을 보리라 하는 자들아."

사람이 부지런히 살고자 하는 것은 매우 좋은 일이다. 그러나 거기까지일 뿐이다. 사람들의 계획은 오직 많은 이익을 남기는 것에 있다. 하나님의 뜻과 하나님의 목적을 구하는 것이 아니다. 오직 있다면, 자신의 이기적인 욕망을 채우고자 하는 것뿐이다. 열심히 살아가는 목적이 오직 돈을 많이 벌어 이익을 남기는 것에 있다. 그리고 이것을 자랑하며 살아간다. 보다 좋은 집, 보다 많은 소유가 최고의 자랑거리이다. 돈을 하나님의 자리에 앉히고서 돈을 섬긴다(딤후3:1-2). 또 그것을 자랑하며 더 많은 이익을 위하여 꿈을 꾼다(13). 그러나 실상은 사람이 자신이 걸어가는 한 치의 앞도 알지 못하는 존재인 것을 인정해야 한다.

(잠19:21) "사람의 마음에는 많은 계획이 있어도 오직 여호와의 뜻만이 완전히 서리라."

물질을 소유하겠다는 것이 잘못된 것은 아니다. 물질에 대한 소유욕은 누구에게나 필요하다. 그러나 문제는 그 물질을 인생의 목적으로 삼는 데에 있다. 사람이 물질에 목적을 두고, 자기이익에 목적을 둠으로써 그 물질을 주신 하나님의 뜻을 구하지를 못한다. 물질은 하나님이 우리의 삶을 풍성하게 하기 위하여 주신 하나의 수단이요, 방편일 뿐이다. 물질은 이웃을 사랑하는 수단으로 사용하고, 하나님 나라 건설을 위하여 하나의 방편으로 사용할 때에 거기에 하나님이 주시는 뜻이 있고, 거기에 참된 복이 있다. 그런데 사람이 하나님의 뜻을 외면하고 자기 소유의 넉넉함을 자랑하며 살아간다. 그때에 하나님이 주시는 경고의 말씀이 있다.

(약4:14) "내일 일을 너희가 알지 못하는도다 너희 생명이

무엇이냐 너희는 잠깐 보이다가 없어지는 안개니라."

(눅12:20-21) "(20) 하나님은 이르시되 어리석은 자여 오늘 밤에 네 영혼을 도로 찾으리니 그러면 네 준비한 것이 누구의 것이 되겠느냐 하셨으니 (21) 자기를 위하여 재물을 쌓아두고 하나님께 대하여 부요하지 못한 자가 이와 같으니라."

우리는 물질생활에서 하나님의 뜻을 구하며, 하늘에 소망을 두고 살아가야 한다. 물질을 하나님을 사랑하고, 이웃을 사랑하는 데에 사용하여 하나님께 대하여 부요한 자로 서가야 한다.

허탄한 자랑을 할 일이 아니다. 허탄한 자랑은 다 악한 것이다 (16). 하나님이 맡기신 물질로 하나님을 섬기고 같은 형제를 섬기면서 청지기적 사명을 감당해야 한다. 만일 그렇지 못하면 악한 자가 되고 만다.

말세에 가까울수록 사람이 재물을 자기만을 위하여 쌓아가며 그것을 형제에게 자랑한다(딤후3:1-2). 그럼으로써 연약한 형제를 더욱더 힘들게 하고 낙심하게 만들어버린다. 결과적으로 허탄한 자랑 때문에 공동체(교회, 가정, 나라)는 균열이 생기고, 분쟁이 일어난다.

그러므로 우리는 허탄한 자랑에 빠질까 조심해야 한다. 내가 주인 인양, 자신이 준비한 것으로 미래를 자랑해서는 안 된다. 오직 영원하신 분은 하나님 한 분밖에 없다. 우리의 인생은 잠시 있다가 없어지는 안개와 같다. 세상에 있은 우리의 날이 그림자 같다(대상29:14). 누구든지 하나님께서 부르시면 떠나야 하는 나그네이다.

그러므로 우리는 모든 것을 주인이신 하나님께 맡기고 살아가야 한다. 그리고 먼저 하나님의 나라와 하나님의 의를 구해야 한다(마6:33). 재물을 자랑할 것이 아니라, 그 재물을 주신 하나님을 자랑하며 하나님을 높이며 하나님을 찬양해야 한다. 하나님 앞에 착하고 충성된 종으로 하나님의 뜻에 따라 그 재물을 사용할 줄 알아야 한다.

같은 형제를 비방하고, 허탄한 소유를 자랑하는 일은 무엇보다도 하나님의 자리를 찬탈하는 죄가 된다. 우리는 하나님의 자녀들이다. 하나님의 자녀들로서 서로 비방할 것이 아니라 서로 사랑해야 한다. 하나님의 자녀들로서 자기의 이익을 자랑할 것이 아니라 하나님이 주신 소유로 하나님을 사랑하고, 이웃을 사랑하며 열매를 맺어야 한다. 여기에 택한 자녀들을 기뻐하시는 하나님의 큰 은혜가 있고 복이 있다. 서로 비방이 아니라 서로 사랑하고, 소유를 자랑할 것이 아니라 그 소유로 맺은 사랑을 자랑할 때에 거기에 하나님이 주시는 천국이 임한다. 비방과 자랑을 취할 것이 아니라, 사랑을 붙잡아야 한다. 사랑을 붙잡을 때에 비방도 물러가고, 허탄한 자랑도 물러간다. 사랑을 붙잡을 때에 싸움과 다툼의 분쟁이 사라지고 공동체에 화목으로 충만한 천국이 임하게 된다.

주님! 짧은 안개생명 길에서 남을 비방하고 허탄한 자랑을 하는 어리석음에 빠지지 말게 하시고, 언제나 사랑을 붙잡고 화목으로 주님이 주시는 천국을 누리는 지혜로운 자가 되게 하소서.

안개
생명의
지혜

11

들으라 부한 자들아

약5:1-6

재물 얻을 능력은 하나님이 주신 은혜의 선물이다(신8:18). 재물만이 아니다. 사람이 가진 모든 것이 다 하나님이 주신 은혜이다(롬11:33; 대상29:14). 그러므로 하나님이 주신 은혜로 잘 되고 풍부하게 될 때에 결코 교만할 일이 아니다(신8:13-14). 오히려 겸손히 하나님의 은혜에 감사하며, 하나님의 영광을 위하여 하나님의 뜻을 구해야 한다. 하나님이 주신 은혜로 사랑의 열매를 맺어야 한다.

　그런데 본문에 등장하는 부한 자들은 어떠한가? 그들은 하나님이 주신 은혜로 풍성하게 될 때에 교만하고, 악하였다. 겸손히 모든 영광을 하나님께 돌리지 못하였다. 그들은 부하게 되었을 때에 하나님의 뜻을 구하지 못하였다. 오직 자신이 하나님의 자리를 찬탈하고 자기 맘대로 살면서 사치하고 방종하고 죽이는 일을 하고 말았다. 그러한 자들에게 하나님이 경고의 말씀을 주신다. 말씀 앞에 겸손하게 무릎을 꿇고 나에게 주시는 하나님의 경고가 무엇인가를 발견하자.

재물을 땅에 쌓아두지 말라

본문에서 말하는 "부한 자"란 악한 부자를 말한다. 악한 부자들이 세상에서 오로지 자기 자신만을 위하며 평안히 먹고 마시며 웃고 떠들며 즐긴다. 그러나 그들에게 다가오는 결과는 울고 통곡하고 망하는 일이다(1).

> (약5:1) "들으라 부한 자들아 너희에게 임할 고생으로 말미암아 울고 통곡하라."

여기에서 울고 통곡하는 일은 지옥의 고통을 가리킨다. 그렇다면, 왜 부한 자들에게 지옥의 고통이 기다리고 있을까? 그것은 그들이 땅에 소망을 두고 살기 때문이다. 그들이 설령 믿음의 공동체 안에 있다고 하더라도 하늘에 소망을 둔 것이 아니라, 땅에 소망을 두고 살기 때문이다. 악한 부자들은 오직 자신만을 위하여 자신의 곳간을 더 크게 짓고 거기에 모든 것을 쌓아둔다(눅12:18). 그 쌓아 둔 것으로 평안히 먹고 마시며 즐거워한다(눅12:19). 그러나 그 모든 것이 어리석은 일임을 깨닫지 못한다. 만유의 주인이신 하나님이 모든 것을 다 보고 듣고 다 알고 계신다.

모든 것을 다 아시는 하나님이 반드시 그 모든 행위대로 다 갚아 주신다. 반드시 심판의 때가 있다.

> (약5:2-3) "(2) 너희 재물은 썩었고 너희 옷은 좀먹었으며 (3) 너희 금과 은은 녹이 슬었으니 이 녹이 너희에게 증거가 되며 불같이 너희 살을 먹으리라 너희가 말세에 재물을 쌓았도다."

부한 자들이 재물을 땅에 쌓아둔다. 그러나 그 재물은 썩고, 좀에 먹히며, 녹이 슬게 된다. 쌓아둔 소유물 때문에 그 인생이 결국은 망하고 만다. 부자는 자기의 소유를 쌓아둘 곳간을 더 크게 짓고 거기에 자신의 모든 것을 쌓아두고 이제는 평안히 쉬고 먹고 마시고 즐거워 하자라고 한다. 그러나 만물의 주인이신 하나님은 이렇게 말씀하신다.

> (눅12:20-21) "(20) 하나님은 이르시되 어리석은 자여 오늘 밤에 네 영혼을 도로 찾으리니 그러면 네 준비한 것이 누구의 것이 되겠느냐 하셨으니 (21) 자기를 위하여 재물을 쌓아두고 하나님께 대하여 부요하지 못한 자가 이와 같으니라."

하나님이 우리에게 재물을 주시고, 각양 좋은 은사들을 주신 뜻은 우리 자신만을 위하여 쌓아두라고 주신 것이 결코 아니다. 하나님이 천지를 창조하실 때에 마지막으로 사람을 만드시고 사람에게 복을 주시며 사명을 주셨다. 하나님이 우리에게 복을 주신 목적은 분명하다. 그것은 그 복으로 사명을 감당하라는 것이다. 그 사명은 땅에 충만하고, 땅을 정복하고, 땅을 다스리는 일이다. 여기에서 "다스린다"는 것은 '질서대로 사용한다' 또는 '섬긴다'는 의미를 가지고 있다. 나에게 재물(재능)이 생겼을 때에 그것을 나만의 것으로 여기고 나만을 위하여 쌓아두는 일은 그 재물(재능)을 주신 하나님의 뜻과는 거리가 멀다.

본문에서 재물을 쌓아두었는데, 어느 때까지 쌓아두었는가? 썩을 때까지 쌓아두었다. 좀이 먹고 녹이 슬어서 오히려 그것이 자신에게 해를 끼치고 있다. 재물을 많이 쌓아두었다고 해서 그것으로 계속해서 자신의 부를 보장받는 것이 아니라는 말씀이다. 오히려 그 쌓아둔 것 때문에 썩고 부패하며, 결국은 그것을 쌓아둔 부자가 망하게 된다는 말씀이다.

(약5:2-3) "(2) 너희 재물은 썩었고 너희 옷은 좀먹었으며 (3) 너희 금과 은은 녹이 슬었으니 이 녹이 너희에게 증거가 되며 불같이 너희 살을 먹으리라...."

무슨 말씀인가? 재물을 땅에 쌓아두지 말라는 말씀이다. 그러면, 재물을 어디에 쌓아야 할까? 주님은 이렇게 말씀한다.

(마6:19-21) "(19) 너희를 위하여 보물을 땅에 쌓아두지 말라 거기는 좀과 동록이 해하며 도둑이 구멍을 뚫고 도둑질하느니라 (20) 오직 너희를 위하여 보물을 하늘에 쌓아두라 거기는 좀이나 동록이 해하지 못하며 도둑이 구멍을 뚫지도 못하고 도둑질도 못하느니라 (21) 네 보물 있는 그 곳에는 네 마음도 있느니라."

(눅6:38) "주라 그리하면 너희에게 줄 것이니 곧 후히 되어 누르고 흔들어 넘치도록 하여 너희에게 안겨 주리라 너희가 헤아리는 그 헤아림으로 너희도 헤아림을 도로 받을 것이니라."

어리석은 자는 보물을 땅에 쌓는다. 그러나 지혜로운 자는 보물을 하늘에 쌓는다. 보물을 하늘에 쌓는 일이란 무엇일까? 그것은 하나님의 뜻과 하나님의 목적대로 그 보물을 사용하는 것이다. 그 보물을 나누는 것이다. 재물이든 지식이든 재능이든 나아가 믿음의 은사까지도 다 나를 위하여 쌓을 것이 아니라 그것으로 사명을 감당해야 한다. 하나님이 주신 풍부함으로 하나님을 섬기며 이웃을 섬기며 함께 나눌 수 있어야 한다. 거저 받았으니 거저 주어야 한다. 여기에 참된 복이 있고 참된 사명이 있다. 바울 사도가 에베소교회에서 사역을 마치고 떠날 때에 마지막으로 에베소교회 장로들을 청하여 고별설교를 하면서 맨 마지막 부분에서 강조하며 전한 말씀이 있다. 이 말씀을 마음에 새기며 말씀에 순종해야 한다.

(행20:35) "범사에 여러분에게 모본을 보여 준 바와 같이 수고하여 약한 사람들을 돕고 또 주 예수께서 친히 말씀하신바 '주는 것이 받는 것보다 복이 있다' 하심을 기억하여야 할지니라."

땅에 쌓는 자가 아니라, 보물을 하늘에 쌓는 자에게 하나님이 주시는 참된 복이 있다. 오늘 나는 어디에 보물을 쌓고 있는가?

연약한 자에게 불의를 행하지 말라

부한 자들이 자신만을 위하여 재물을 쌓을 뿐만 아니라, 연약한 자들에게 불의를 행한다. 악한 부자들이 자신의 밭에서 열심히 추수하며 일을 한 품꾼들에게 삯을 주지 않는다(4). 오로지 자신의 욕심을 채우는 일에만 집중한다. 자신의 욕심을 채우기 위하여 수단과 방법을 가리지 않는다. 정당하게 일한 사람에게 품삯을 주지 않는다. 연약한 자를 무시하고, 그 연약한 자의 노동력을 착취한다. 그 착취한 것으로 재물을 쌓으므로 그 재물이 썩고, 좀에게 먹히고, 녹이 슬 정도인데, 그럼에도 불구하고 연약한 자를 향한 착취가 끊이질 않는다. 불법을 행하면서 자신의 창고를 채운다. 오직 자신만을 위하여 연약한 이웃을 짓밟아서라도 자신의 창고를 채운다. 여기에 본문은 이렇게 경고를 한다.

(약5:4) "보라 너희 밭에서 추수한 품꾼에게 주지 아니한 삯이 소리 지르며 그 추수한 자의 우는 소리가 만군의 주의 귀에 들렸느니라."

악한 부자가 연약한 자에게 불의를 행하는 일을 하나님이 다 알고 계신다. 여기에서 "삯이 소리 지른다"는 모습은 마치, 가인에게 죽임을 당한 아벨의 피가 하나님께 호소하는 모습과 같다. 하나님이 그 모든 것을 다 보고 듣고 다 알고 계신다. 연약한 자들의 부르짖는 소리를 하나님이 하나도 놓치지 않고 다 듣고 계신다. 그 소리를 듣고 계시는 분을 "만군의 주"라고 칭하고 있다. 그 어느 누구도 대항할 수 없는 주권자라는 말씀이다. 만왕의 왕이신 하나님이시다. 모든 주권을 가지신 하나님이 모든 것을 다 아시고 불의를 행하는 자들을 그 행위대로 심판하신다는 사실이다. 그런데 부한 자들의 결정적인 잘못이 있다.

(약5:6) "너희는 의인을 정죄하고 죽였으나...."

부하고 힘 있는 자들이 정직하고 옳은 의인을 오히려 정죄하고 결국에는 죽이기까지 한다. 자신을 위해서라면 어떠한 악이라도 서슴없이 행한다. 이것은 타락한 세속의 질서에서 나타나는 최악이다.

연약한 자들을 대할 때에 어떻게 대하는가? 자신을 위하여 다른 사람을 무시한 일은 없는가? 만일, 그러한 일이 있다면 반드시 회개해야 한다. 나의 말과 행동으로 다른 사람에게 혹 상처를 주고, 고통을 주고, 아픔을 준 일이 있다면 주님의 십자가 앞에서 울며 통곡해야 한다. 그렇지 않으면 마지막 날에 만군의 주 하나님 앞에서 쫓겨나 이를 갈며 통곡하며 영원히 후회하게 된다.

땅에서 사치하고 방종하지 말라

> (약5:5) "너희가 땅에서 사치하고 방종하여 살육의 날에 너희 마음을 살찌게 하였도다."

부한 자들이 재물을 어디에 사용하고 있는가? 부한 자들이 재물을 자신의 쾌락과 만족을 위하여 땅에서 사치하고 방종을 하는 데에 사용한다. 누가복음 16장에 보면, 부자는 자신을 위하여 자색 옷과 고운 베옷을 입고 날마다 호화롭게 즐긴다. 그런데 그 부잣집 대문 앞에는 거지 나사로가 헌데투성이로 버려진 채 그 부자의 상에서 떨어지는 것으로 배를 채우고자 하지만 오히려 개들이 와서 그 헌데를 핥고 있다.

사실, 많은 것을 소유한 부자일수록 더 많은 것으로 많은 사람들을 도울 수 있다. 그러나 부자는 그 집 대문 앞에서 헐벗고 굶주린 채 쓰러져 있는 거지 나사로를 돌보지 않는다. 아예 관심도 없다. 오직 자신만을 위하여 날마다 호화롭게 즐기는 데에 집중한다.

하나님이 주신 것으로 자신만을 위하여 사용하는 것은 하나님의 뜻이 아니다. 자신만을 위하여 사치와 향락을 추구하는 일은 더더욱 그렇다. 믿음의 사람들은 하나님이 주신 재물이나 재능으로 연약한 이웃을 섬길 수 있어야 한다. 예수님은 우리를 청지기에 비유하셨다. 나에게 있는 모든 것이 내 것이 아니라는 말씀이다. 모든 것이 다 하나님의 것이다(대상29:11-12). 우리는 하나님의 것을 잠시 동안 맡았을 뿐이다. 우리는 청지기일 뿐이다. 하나님의 것으로 자신만을 위하여 사치하고 방종을 하는 일은 큰 죄악이 된다. 반드시 하나님의 심판이 있다(눅16:19-30).

우리가 해야 할 일은 하나님이 맡기신 것으로 사랑의 열매를 맺어야 한다. 하나님이 주신 것으로 하나님을 사랑하고 이웃을 사랑함으로 열매를 맺어야 한다. 하나님이 맡기신 것으로 지극히 작은 자 하나를 섬겨야 한다. 지극히 작은 자 하나에게 한 것이 곧 주님께 한 것임을 잊지 말아야 한다(마25:40). 이 땅에서 우리의 손길을 필요로 하는 주리고 목마르고 헐벗고 병들고 옥에 갇힌 사람들을 살피며 섬겨야 한다. 땅에서 사치하고 방종할 일이 아니다. 땅에서 하나님의 뜻과 하나님의 목적에 따라서 도움을 필요로 하는 사람들을 향하여 재물로 사랑을 나타내야 한다. 그럴 때에 하나님이 예비하신 하나님 나라를 상속받고 영생을 누리게 된다

(마25:34,46).

나는 보물을 어디에 쌓고 있는가? 하늘인가? 땅인가?

본문의 말씀은 단순히 부한 자들에게만 주시는 말씀이 아니다. 땅에 소망을 두고 땅에 재물을 쌓으며 땅에서 사치하고 방종하며 불의를 행하는 자들에게 주시는 경고의 말씀이다. 경고의 말씀을 듣고 회개하지 않으면 반드시 심판을 받게 된다.

예수님은 자신만을 위하여 화려한 옷을 입고 날마다 호화롭게 즐기며 살다가 지옥에 간 부자와 부잣집 대문 앞에서 버려진 채 거지로 살다가 천국에 들어간 나사로에 대하여 이렇게 말씀하셨다.

(눅16:25) "아브라함이 이르되 얘 너는 살았을 때에 좋은 것을 받았고 나사로는 고난을 받았으니 이것을 기억하라 이제 그는 여기서 위로를 받고 너는 괴로움을 받느니라."

짧은 안개생명의 나그네 길을 다 마치고 거지 나사로는 영생천국을 누리지만, 자신만을 위하여 재물을 땅에 쌓으며 연약한 자들에게 불의를 행하며 사치하고 방종했던 부자는 영원히 지옥의 고통 속에서 살게 된다.

영생천국의 길을 갈 것인가? 아니면, 영원히 괴로움을 받는 지옥의 길을 갈 것인가? 지금 걷고 있는 길은 지혜의 길인가? 어리석은 길인가?

12

길이 참으라

약5:7-11

예수 그리스도를 믿어 구원을 받은 천국백성이라고 하더라도 이 땅에서 살아갈 때에 항상 평안하고 잘되고 형통한 길만 있는 것이 아니다. 선한 목자가 되사 우리를 푸른 풀밭에 누이시며 쉴 만한 물가로 인도하시는 주님은 때때로 우리를 사망의 음침한 골짜기로 인도하실 때가 있다(시23:1-4). 사망의 음침한 골짜기는 너무도 감당하기 힘든 길이다. 주님이 함께 하시지만 믿음으로 그 고난을 견뎌내야 한다. 만일, 믿음이 약하거나 믿음이 없다면 닥친 고난 때문에 시험에 들고, 죄악에 빠질 수가 있다. 왜냐하면 믿음으로 살아가기 때문에 오히려 더 큰 손해를 보고, 더 큰 고난을 당할 수 있기 때문이다.

믿음으로 살았던 초대교회 성도들에게도 고난이 있었다. 견디기 힘든 큰 시련이 있었다. 믿음으로 살고자 할 때에 박해를 받고, 착취를 당하고, 애매히 고난을 받는 일들이 일어났다. 여기에서 그리스도인은 어떻게 해야 할까?

주님 오실 때까지 길이 참으라

(약5:7) "그러므로 형제들아 주께서 강림하시기까지 길이 참으라 보라 농부가 땅에서 나는 귀한 열매를 바라고 길이 참아 이른 비와 늦은 비를 기다리나니."

믿음의 사람들은 길이 참아야 한다. 언제까지 참아야 할까? 주님께서 다시 오실 때까지 길이 참아야 한다. 한 순간 참고 지나가는 것이 아니다. 끊임없이 계속하여 참고 기다려야 한다. 그러므로 어쩌면, 신앙인의 삶이란 참고 기다리는 생활이다. 순간적인 인내가 아니다. 온전한 인내이다(약1:4).

본문에서 농부의 인내를 말씀하고 있다. 농부는 땅에서 나는 귀한 열매를 바라고 길이 참아 이른 비와 늦은 비를 기다린다. 씨를 뿌린 농부가 비를 오게 할 수는 없다. 그저 기다릴 수밖에 없다. 이른 비(4-5월에 내리는 비)는 밭에 뿌린 씨의 발육을 위하여 절대적으로 필요하다. 또한 늦은 비(10월 말 내지 11월 초에 내리는 비)는 곡식을 무르익게 하는 비로써 꼭 필요한 존재이다. 여기에서 농부가 해야 할 일은 참고 기다리는 것밖에 없다.

농부가 무엇 때문에 참고 기다리는가? 그것은 귀한 열매를 바라고 길이 참아 이른 비와 늦은 비를 기다린다. 결코 헛된 기다림이 아니다. 농부가 인내하며 기다리는 것은 소망이 있기 때문이다.

무슨 말씀일까? 그것은 오늘 우리가 이 땅에서 살아가고 있지만 우리의 소망은 안개생명의 땅에 있는 것이 아니라, 영원한 생명의 하늘나라에 있기 때문이다. 그렇기 때문에 비록 세상에서 고난을 당한다 할지라도 주님이 다시 오실 때까지 농부처럼, 소망을 가지고 길이 참으며 기다려야 한다. 농부가 귀한 열매를 바라고 참고 기다릴 때에 비가 내리는 것처럼, 우리가 천국을 소망하며 참고 기다리면 주님도 반드시 다시 오셔서 우리와 영원히 함께 하시며 우리로 하나님 나라를 상속받고 하나님의 자녀 된 권세를 누리게 하신다(계21:7). 그러므로 본문 8절은 이렇게 말씀한다.

(약5:8) "너희도 길이 참고 마음을 굳건하게 하라 주의 강림이 가까우니라."

우리는 주님이 재림하실 때까지 길이 참고 기다려야 한다.

원망하지 말고 길이 참으라

그리스도인이라 하더라도 무거운 짐을 지고, 괴롭고 힘든 고난을 만나게 될 때에 그 인내의 과정에서 시험에 들고 악에 빠질 수가 있다. 특별히, 원망하는 일에 빠질 수가 있다. 왜 원망을 하게 될까? 그것은 길이 참지 못하기 때문이다. 현실을 믿음으로 견디지 못하고 인내하지 못하기 때문이다. 지금 내가 너무너무 힘들고 고통스럽기 때문에 참거나 인내하지 못하고 원망을 하고 불평을 한다. 길이 참지 못하기 때문에 마음이 조급해져서 작은 일에도 쉽게 원망이 나오고 불평이 쏟아진다. 평소에는 넓은 마음으로 이해를 잘하고, 관용을 베풀던 사람도 갑자기 자신이 힘들고 무거운 짐으로 짓눌리게 되면 마음이 좁아져 버린다. 그래서 이해해야 할 것도 이해를 하지 못하고, 원망하고 불평하고 분노까지 나타낸다. 화를 내고 성을 낸다. 그래서 원망은 더욱더 커지고 만다.

그러나 어떠한 원망이든지 모든 원망은 우리에게 아무런 유익이 없다. 오히려 원망은 우리로 죄악에 빠지게 하고, 우리로 하나님과 하나님 나라에서 멀어지게 하고 만다. 그러므로 본문은 이렇게 말씀한다.

(약5:9) "형제들아 서로 원망하지 말라 그리하여야 심판을 면하리라 보라 심판주가 문밖에 서 계시니라."

왜 원망하지 말고 길이 참아야 할까? 그것은 원망을 하지 말아야 심판을 면하기 때문이다. 특별히 믿음의 형제들이 서로 원망하는 일은 하나님 앞에 큰 죄가 된다. 민수기 12장에 보면, 미리암과 아론이 모세를 비방하며 원망할 때에 하나님이 들으시고 하나님이 진노하셨다. 민수기 14장에서 이스라엘 자손이 다 모세와 아론을 원망하며 "우리가 애굽 땅에서 죽었거나 이 광야에서 죽었으면 좋았을 것을 어찌하여 여호와가 우리를 그 땅으로 인도하여 칼에 쓰러지게 하려 하는가..."라고 하였을 때에 하나님이 모든 것을 들으시고, 그들의 말한 대로 출애굽 할 때에 이십 세 이상이었던 사람들은 여호수아와 갈렙 외에 모두가 다 광야에서 하나님의 진노로 죽고 말았다.

우리는 서로 원망하지 말아야 한다. 원망하는 자는 지금 심판의 주님이 문밖에 서 계시다는 사실을 기억해야 한다. 심판의 주님이 모든 것을 다 알고 계시기 때문에 문을 열고 들어오시기만 하면 원망하는 자를 향한 심판이 곧바로 시작되는 것이다. 심판의 때가 얼마 남지 않았다. 우리는 조금만 더 참고 인내하면 된다. 서로 원망하지 말고 모든 사람에게 오래 참아야 소망이 있다(약5:9; 살전 5:14).

믿음의 선진들을 본받아 길이 참으라

주님이 다시 오실 때까지 원망하지 말고 길이 참으라고 하면서 결론적으로 주시는 말씀이 있다. 그것은 우리보다 앞서 믿음으로 살았던 믿음의 선진들을 본받아 길이 참으라는 말씀이다.

(약5:10) "형제들아 주의 이름으로 말한 선지자들을 고난

과 오래 참음의 본으로 삼으라."

　사람은 누구든지 감당하기 힘든 고난을 겪을 때에 세상에서 나만 홀로 겪는 고난이라고 여길 수 있다. 그러면서 깊은 고독감에 빠지고, 또한 모두에게서 버림을 받았다고 하는 깊은 좌절감에 빠질 수가 있다. 그러나 그것은 사탄이 주는 시험일 뿐이다. 천국이 아닌 이 땅에서 살아가는 모든 인생에게 고난이라고 하는 것은 언제든지 찾아올 수가 있다. 주님을 믿고 충성을 다했던 믿음의 선진들에게도 고난은 항상 따라다녔다(벧전5:9).

　그러나 성도에게 있는 고난이 결코 하나님의 사랑과 그 큰 은혜를 끊을 수 없다는 사실을 기억해야 한다. 하나님은 오히려 모든 것이 합력하여 선을 이루게 하시며, 모든 일에 우리가 넉넉히 이기도록 행하신다(롬8:28-39). 그러므로 우리보다 앞서 고난을 당했던 믿음의 선진들은 그 고난으로 인하여 낙심하거나 절망하지 않았다. 고난 때문에 원망하거나 불평하지 않았다. 오히려 고난 속에서 주의 율례들을 배우게 되고(시119:71), 고난 속에서 주님을 더욱더 의지했다(고후1:8-9). 고난 속에서 순금처럼 빛나는 하나님의 사람으로 거듭났다(욥23:10). 그러므로 그리스도를 위하여 모든 고난을 이겨낸 바울은 이렇게 전한다.

　　(고후1:5) "그리스도의 고난이 우리에게 넘친 것같이 우리가 받는 위로도 그리스도로 말미암아 넘치는도다."

앞서간 믿음의 선진들은 고난 속에서 길이 참으며 인내함으로 우리에게 본보기가 되었다. 예수님은 오늘 우리에게 이렇게 말씀한다.

(마5:11-12) "(11) 나로 말미암아 너희를 욕하고 박해하고 거짓으로 너희를 거슬러 모든 악한 말을 할 때에는 너희에게 복이 있나니 (12) 기뻐하고 즐거워하라 하늘에서 너희의 상이 큼이라 너희 전에 있던 선지자들도 이같이 박해하였느니라."

믿음의 선진들처럼, 고난 중에서 길이 참아 인내하는 자들에게 복이 있다(11). 다니엘 12장 12절에 보면, 하나님의 때를 기다리는 사람은 복이 있다고 했다. 예수님은 마태복음 10장 22절에서 "끝까지 견디는 자는 구원을 얻으리라"고 했다. 믿음의 선진들을 본받아 길이 참고 인내하며 주님을 기다리는 자들에게 복이 있다. 고난을 길이 참고 기다릴 때에 믿음의 큰 유익이 있다.

(약5:11) "보라 인내하는 자를 우리가 복되다 하나니 너희가 욥의 인내를 들었고 주께서 주신 결말을 보았거니와 주는 가장 자비하시고 긍휼히 여기시는 이시니라."

하나님이 인정한 온전하고 정직한 믿음의 사람인 욥의 고난은 엄청났다(욥1-2장). 하루아침에 모든 재산을 잃고, 사랑하는 자녀들을 잃고, 거기에다가 욥 자신은 발바닥에서 정수리까지 종기가 나서 재 가운데 앉아서 질그릇 조각으로 몸을 긁어야 했다. 여기에 욥의 아내는 차라리 하나님을 욕하고 죽으라고 한다. 위로하러 찾아왔던 친구들은 오히려 욥에게 숨기는 죄가 있어서 이러한 일이 있게 되었다고 하면서 욥을 정죄하며 욥을 괴롭힌다. 욥의 고난이 너무도 엄청나다.

그러나 욥은 모든 것을 아시는 하나님을 바라보며 끝까지 인내함으로 더욱더 복된 자로 우뚝 서게 된다. 욥은 인내함으로 모든 것을 이긴 후에 이렇게 고백했다.

(욥42:5) "내가 주께 대하여 귀로 듣기만 하였사오나 이제는 눈으로 주를 뵈옵나이다."

길이 참고 인내함으로 영안이 밝아진 욥이다. 나아가 하나님은 욥의 곤경을 돌이키시고, 욥에게 이전 모든 소유보다 갑절이나 더 해주신다. 야고보는 이러한 욥의 인내를 오늘을 살아가는 그리스도인들이 본받으라고 권한다. 하나님은 믿음으로 인내하는 자들을 기뻐하신다. 그리고 믿음으로 인내하는 자들에게 자비와 긍휼을 베풀어주신다. 이것을 기억하고 우리도 믿음의 선진들을 따라 길이 참아야 한다.

예수님은 자신을 은 30에 팔아넘긴 가룻 유다와 검과 몽치를 가지고 자신을 잡으러 온 무리들을 보면서 제자들에게 "이것까지 참으라"고 말씀하시고 십자가의 길을 묵묵히 걸어가셨다(눅 22:51). 모든 것을 참으시고 십자가의 길을 가신 예수님 때문에 우리가 구원을 받고, 천국에 들어가는 복을 받았다.

하나님의 말씀인 성경은 우리에게 길이 참는 인내를 요청하고 있다(눅8:15; 눅21:19; 히10:36). 그리고 야고보서 1장 4절에서 "인내를 온전히 이루라"고 말씀한다. 왜냐하면 온전한 인내가 우리를 온전하고 구비하여 조금도 부족함이 없게 하기 때문이다.

> (히10:36) "너희에게 인내가 필요함은 너희가 하나님의 뜻을 행한 후에 약속하신 것을 받기 위함이라."

우리의 인내를 주님이 다 알고 계신다(계2:2,19). 주님이 믿음으로 인내하는 자를 반드시 복되게 하신다. 우리가 길이 참고 인내할 때에 주님이 반드시 기억하시며 긍휼과 자비를 베풀어 갚아 주신다.

인내의 사람으로 서가자. 주님이 다시 오실 때까지 길이길이 참으며 나아가자. 원망하거나 불평하거나 낙심하지 말고 주님을 신뢰함으로 길이 참고 참으며 살자. 욥처럼, 다니엘처럼, 사도들처럼, 수많은 믿음의 선진들처럼 길이길이 참고 인내하자. 여전히 죄인인 우리를 위하여 인내하심으로 십자가를 지시고 오늘도 우리를 참아주시며 우리를 기다려주시는 주님을 따라서 고난이라고 쓰러지지 말고 길이길이 참자. 길이 참는 자를 하나님이 기억하시고 그에게 하나님이 반드시 갚아주신다. 길이길이 참는 인내는 짧은 안개생명 길에서 하나님이 우리에게 주신 삶의 지혜 중의 지혜이다.

고난을 당할 때에

약5:12-20

믿음으로 살아가는 그리스도인이기 때문에 언제나 모든 일이 잘되고 항상 형통할까? 결코 그렇지 않다. 하나님을 신뢰하는 그리스도인이라고 해서 삶의 현장에서 모든 일이 순탄하며 즐거운 일만 있을 것이라고 생각하는 것은 매우 위험하다. 왜냐하면 믿음으로 살아가는 그리스도인이라 하더라도 이 땅에서 살아갈 때에 보통사람들이 만나는 여러 가지 고난을 당할 수 있기 때문이다. 오히려 믿음으로 살아가기 때문에 세상에서 미움을 받고 애매히 고난을 당하며 더 큰 시련을 당할 수도 있다.

　문제는 고난을 당할 때에 그리스도인은 세상 사람들과 달라야 한다는 사실이다. 그리스도인은 평안하고 형통할 때뿐만 아니라 역경과 고난의 때에도 여전히 하나님의 자녀인 것을 기억하고 하나님을 신뢰함으로 깨어 있어야 한다.

　그렇다면 그리스도인은 고난을 당할 때에 어떻게 해야 할까?

하나님께 기도하라

(약5:13) "너희 중에 고난당하는 자가 있느냐? 그는 기도할 것이요 즐거워하는 자가 있느냐? 그는 찬송할지니라."

그리스도인은 즐거워할 때에 모든 은혜의 하나님을 높이며 찬송을 해야 한다. 반면에 그리스도인이 고난당할 때에는 하나님을 신뢰함으로 하나님께 의지하며 기도해야 한다. 이것이 우리를 향하신 하나님의 말씀이요, 하나님의 뜻이다. 고난을 당할 때에는 하나님이 나를 기도의 자리로 부르시고 계심을 기억해야 한다. 야고보는 1장 2절에서 "여러 가지 시험(믿음의 시련)을 당하거든 온전히 기쁘게 여기라"고 하였다. 그러면서 1장 5절에서 "...모든 사람에게 후히 주시고 꾸짖지 아니하시는 하나님께 구하라..."고 권하고 있다. 하나님은 믿는 자들에게 하나님의 자녀가 되는 권세를 주셨다. 그리고 그 자녀들에게 하나님 아버지께 간구하여 응답받는 기도의 특권을 주셨다. 하나님은 그 택한 자녀들이 하나님께 기도하며 가까이하시기를 원하신다.

(약4:8) "하나님을 가까이하라 그리하면 너희를 가까이하시리라...."

(암5:4) "여호와께서 이스라엘 족속에게 이와 같이 말씀하시기를 너희는 나를 찾으라. 그리하면 살리라."

(눅11:9-13) "(9) 내가 또 너희에게 이르노니 구하라 그러면 너희에게 주실 것이요 찾으라 그러면 찾아낼 것이요 문을 두드리라 그러면 너희에게 열릴 것이니 (10) 구하는 이마다 받을 것이요 찾는 이는 찾아낼 것이요 두드리는 이에게는 열릴 것이니라 (11) 너희 중에 아버지 된 자로서 누가 아들이 생선을 달라 하는데 생선 대신에 뱀을 주며 (12) 알을 달라 하는데 전갈을 주겠느냐 (13) 너희가 악할지라도 좋은 것을 자식에게 줄 줄 알거든 하물며 너희 하늘 아버지께서 구하는 자에게 성령을 주시지 않겠느냐 하시니라."

택한 자녀들에게 기도를 요청하시고, 믿음으로 기도하는 자들을 기뻐하시며 그들에게 좋은 것을 주시는 하나님 아버지이시다. 본문 13절에서 18절까지 매 절마다 '기도'라는 단어가 들어가 있다. 그만큼 하나님 아버지는 우리가 기도의 자리로 나가는 것을 좋아하신다는 사실이며, 그리스도인들에게 기도가 필수과목인 것을 강조하는 말씀이다.

고난을 당할 때에 우리는 앞이 캄캄하고 답답하고 괴로울 수 있다. 그렇지만 하나님 아버지는 이 고난의 때에 택한 자녀들에게 더 좋은 것을 준비해 놓으시고 자녀들이 기도할 때에 그 좋은 선물을 주신다. 그리스도인에게 닥치는 고난은 결코 해로운 것이 아니라 오히려 큰 유익이 된다. 그것은 고난의 때에 하나님 아버지께 믿음으로 나아가 기도하는 데에 있다.

합심하여 기도하라

기도를 강조하는 야고보는 고난을 당할 때에 합심하여 기도할 것을 권한다.

> (약5:14) "너희 중에 병든 자가 있느냐 그는 교회의 장로들을 청할 것이요 그들은 주의 이름으로 기름을 바르며 그를 위하여 기도할지니라."

그리스도인은 고난을 당할 때에 교회의 장로들에게 기도를 요청하고 장로는 그를 위하여 기도해야 한다. 여기에서 "교회의 장로들"이란 당시에 복음을 전파하며, 가르치며, 교회를 살피던 사역자들을 가리킨다(벧전5:1; 요이1:1; 요삼1:1). 교회의 사역자들의 기도를 말씀하는 것은 병들어 고난을 당할 때에 그것을 공적으로 드러내어 합심하여 기도하라는 말씀이다. 솔로몬은 전도서에서 이렇게 전하고 있다.

> (전4:11-12) "(11) 또 두 사람이 함께 누우면 따뜻하거니와 한 사람이면 어찌 따뜻하랴? (12) 한 사람이면 패하겠거니와 두 사람이면 맞설 수 있나니 세 겹 줄은 쉽게 끊어지지 아니하느니라."

사람이 살면서 함께 하는 일이 절대적으로 필요하다. 특별히 고난을 당할 때에 더더욱 그렇다. 고난을 당할 때에 고난을 당하는 자와 함께하되 기도로 함께하는 일은 큰 힘이 된다. 주님은 이렇게 말씀하신다.

> (마18:19-20) "(19) 진실로 다시 너희에게 이르노니 너희 중의 두 사람이 땅에서 합심하여 무엇이든지 구하면 하늘에 계신 내 아버지께서 그들을 위하여 이루게 하시리라 (20) 두세 사람이 내 이름으로 모인 곳에는 나도 그들 중에 있느니라."

하나님의 자녀인 우리가 합심하여 무엇이든지 구하면 하나님 아버지께서 기뻐하시고 우리를 위하여 반드시 응답해주신다. 초대교회 성도들이 예수님의 말씀에 순종하여 마음을 같이하여 오로지 기도에 힘쓸 때에 그들이 다 성령의 충만함을 받았다(행 1:12-2:4). 사도행전 12장에 보면, 헤롯왕이 요한의 형제 야고보를 죽이고 유대인들이 기뻐하는 것을 보고 초대교회의 지도자 베드로도 죽이려고 했다. 베드로를 붙잡아 감옥에 가두고 군인 넷씩인 네 패에 맡겨 지키게 했다. 그런데 헤롯 왕이 베드로를 잡아내려고 하던 그 전날 밤에 홀연히 주의 천사가 나타나고, 쇠사슬이 베드로의 손에서 벗어지고, 천사의 인도에 따라서 감옥의 쇠문까지 저절로 열리면서 베드로는 감옥 밖으로 나와서 자유롭게 성도들이 모인 곳으로 가게 되었다. 그런데 이 사건이 기록된 사도행전을 보면, 이 사건 이면에 마음을 같이하여 간절히 간구하는 성도들의 합심기도가 있었음을 강조하고 있다.

(행12:5) "이에 베드로는 옥에 갇혔고 교회는 그를 위하여 간절히 하나님께 기도하더라."

(행12:12) "깨닫고 마가라 하는 요한의 어머니 마리아의 집에 가니 여러 사람이 거기에 모여 기도하고 있더라."

성도들이 한마음으로 합심하여 기도할 때에 놀라운 하나님의 응답이 있게 된다. 합심하여 기도할 때에 우리가 상상할 수 없는 모습으로 하나님이 역사하신다. 그러므로 합심기도의 능력을 알았던 바울은 그의 서신서들에서 수신자들에게 함께 합심하여 기도하는 기도의 동역자들이 될 것을 권하고 있다.

(롬15:30) "형제들아 내가 우리 주 예수 그리스도와 성령의 사랑으로 말미암아 너희를 권하노니 너희 기도에 나와 힘을 같이하여 나를 위하여 하나님께 빌어."

(고후1:11) "너희도 우리를 위하여 간구함으로 도우라 이는 우리가 많은 사람의 기도로 얻은 은사로 말미암아 많은 사람이 우리를 위하여 감사하게 하려 함이라."

(골4:3) "또한 우리를 위하여 기도하되 하나님이 전도할 문을 우리에게 열어 주사 그리스도의 비밀을 말하게 하시기를 구하라 내가 이 일 때문에 매임을 당하였노라."

고난을 당할 때에 하나님께 기도하되 마음을 같이하여 합심기도하는 일이 매우 소중하다. 그러므로 서로가 서로를 살피며 서로 나누며 마음을 같이하여 기도하는 일에 힘쓰는 일은 고난을 이기는 지혜이다.

믿음으로 기도하라

(약5:15) "믿음의 기도는 병든 자를 구원하리니 주께서 그를 일으키시리라 혹시 죄를 범하였을지라도 사하심을 받으리라."

믿음의 기도에 주님이 응답하신다. 믿음의 기도는 병든 자를 그 병에서 구원한다. 주님이 믿음의 기도를 들으시고 병들어 누워 있는 자를 치료하고 낫게 하여 일어나서 걷게 하신다. 그러므로 야고보는 이미 1장 6절에서 "오직 믿음으로 구하고 조금도 의심하지 말라..."고 하였다. 기도를 하되 오직 믿음으로 해야 한다.

그런데 우리가 여기에서 기억해야 할 것이 있다. 믿음의 기도에 능력이 있어 병든 자가 나았다면, 그 병은 누가 치료한 것일까? "믿음의 기도는 병든 자를 구원하리니 주께서 그를 일으키시리라"고 했다. 병든 자를 치료하고 낫게 하시는 분은 오직 하나님이시다. 결코 기도를 한 사람이나 신유의 은사를 가진 사람이 그 병을 낫게 한 것이 아니다. 사람의 기도를 들으시고 병을 낫게도 하시고, 그대로 놔두시기도 하시는 분은 오직 하나님밖에 없다. 모든 주권은 절대적으로 하나님께 있다. 그러나 하나님은 모든 주권을 가지고 행하시되 우리의 믿음을 보기를 원하신다. 우리의 믿음을 보시고 놀라운 역사를 나타내신다.

예수님은 많은 권능을 행하시며 많은 병자들을 고쳐주시면서 사역을 하셨다. 그러나 예수님은 그의 고향에서는 아무 권능도 행하실 수 없어 소수의 병자에게만 안수하여 고쳐주실 뿐이었다. 왜 그랬을까? 그것은 예수님의 고향 사람들이 예수님을 믿지 않았기 때문이다(막6:1-6). 예수님은 믿음의 사람들을 기뻐하시고 믿음의 사람들의 소원에 응답해주셨다. 예수님께서 열두 해를 혈루증으로 고생하던 여인을 치료해주실 때에 이렇게 말씀하셨다.

(막5:34) "예수께서 이르시되 딸아 네 믿음이 너를 구원하였으니 평안히 가라 네 병에서 놓여 건강할지어다."

예수님은 흉악하게 귀신 들린 딸을 위하여 간구하던 가나안 여인에게 이렇게 말씀하셨다.

> (마15:28) "이에 예수께서 대답하여 이르시되 여자여 네 믿음이 크도다 네 소원대로 되리라 하시니 그때로부터 그의 딸이 나으니라."

고난 가운데 있을 때에 낙심하지 말아야 할 것은 우리가 믿음으로 기도할 때에 하나님이 기뻐하시고 응답해주시기 때문이다.

간절히 기도하라

고난을 당할 때에 하나님께 기도하되 합심하여 믿음으로 기도할 것을 강조한 야고보는 마지막에 가서 간절히 기도할 것을 권한다.

> (약5:17-18) "(17) 엘리야는 우리와 성정이 같은 사람이로되 그가 비가 오지 않기를 간절히 기도한즉 삼 년 육 개월 동안 땅에 비가 오지 아니하고 (18) 다시 기도하니 하늘이 비를 주고 땅이 열매를 맺었느니라."

야고보는 엘리야의 기도를 소환한다. 엘리야의 기도는 어떤 기도인가? 그것은 간절한 기도이다. 엘리야가 우리보다 특별히 뛰어난 것이 있어서 큰 역사가 일어난 것이 결코 아니다. 엘리야도 우리와 똑같은 보통 사람이다. 우리와 똑같이 연약하고 나약하고 우리와 성정이 같은 사람이다. 그러나 엘리야가 우리와 다른 것이 있다. 그것은 엘리야는 기도할 때에 간절히 기도했다. 생사를 걸고 기도했다. 하나님이 응답해주시지 않으면 우상을 섬기는 자들에게 죽을 수도 있는 상황이다. 기도를 결코 포기할 수 없다. 그는 하나님을 향하여 무릎을 꿇고 머리가 땅에 닿을 정도로 간절히 기도했다. 제단에 불이 내릴 때까지, 3년 6개월 동안 비가 내리지 않아서 가물어버린 메마른 땅에 큰비가 내릴 때까지 간절히 기도했다. 그는 응답될 때까지 오로지 기도에 집중했다.

사무엘상 1장에 보면, 자식이 없어 괴로움이 심한 한나의 기도가 등장한다. 한나는 마음이 괴로워서 하나님께 통곡하며 기도한다. 서원하며 간절히 기도한다. 오래도록 기도하는데 엘리 제사장이 볼 때에, 한나가 포도주에 취한 사람처럼 보였다. 그만큼 한나는 간절하고도 깊이 있는 기도에 들어갔다. 하나님 앞에 자신의 심정을 통하는 기도를 드렸다. 그때에 하나님의 놀라운 응답이 있었다.

그리스도인은 고난을 당할 때에 낙심하지 말아야 한다. 오히려 하나님이 준비하신 선물을 기대하며 기도의 자리로 나가야 한다.

택한 자녀들의 기도를 기다리시는 하나님 아버지께 간구해야 한다. 혼자서만 외롭게 기도하는 것이 아니다. 물론, 혼자서 조용히 기도할 때도 필요하다. 그러나 사람들과 기도 제목을 나누시고 합심하여 기도해야 할 때가 있다. 하나님 아버지는 우리가 합심하여 믿음으로 간절히 기도하면 반드시 응답해주신다.

기도의 사람으로 서가자. 고난이라고 두려워하거나 염려하지 말고 하나님 아버지께 믿음으로 간구하자. 서로서로 연약함을 돌아보며 합심하여 기도하자. 엘리야처럼 간절히 기도하자. 하나님이 응답해주신다. 그러나 보이는 응답이 없을지라도 이미 하나님 아버지의 자녀로 기도하는 데에 큰 은혜가 있다. 기도함으로 임마누엘의 은혜를 누리며 천국을 맛보게 된다. 기도는 짧은 안개생명 길에서 하나님이 우리에게 주신 은혜 중의 은혜요, 지혜 중의 지혜이다.

안개생명의 지혜_야고보서 강해와 묵상

초판인쇄 2022년 10월 31일
초판발행 2022년 10월 31일

지은이 이강률
펴낸이 채종준
펴 낸 곳 한국학술정보(주)
주   소 경기도 파주시 회동길 230(문발동)
전   화 031-908-3181(대표)
팩   스 031-908-3189
홈페이지 http://ebook.kstudy.com
E-mail 출판사업부 publish@kstudy.com
등   록 제일산-115호(2000. 6. 19)

ISBN 979-11-6801-848-8 03230